Das BUCH vom INNEREN FRIEDEN

Kontemplation Meditation Visualisierung

SABRINA MESKO

Autor des internationalen Bestsellers HEILENDE MUDRAS

ARNICA PRESS

⊙

VON SABRINA MESKO

HEALING MUDRAS
Yoga for Your Hands , Random House - ©2000 Original edition and 2012 New edition

HEILENDE MUDRAS
Deutsche Erstausgabe ©2000
Neuauflage zum 20-jährigen Jubiläum ©2023

POWER MUDRAS
Yoga Hand Postures for Women,© 2002 Random House - Original edition, ©2012 New Edition

MUDRA - GESTURES OF POWER
DVD - Sounds True

CHAKRA MUDRAS DVD set

HEALING MUDRAS - New Edition in full color:
Healing Mudras I. & II. & III. ~ For Your Body, Mind, Soul

MUDRA THERAPY
©2013 Hand Yoga for Pain Management and Conquering Illness

YOGA MIND
©2002, 45 Meditations for Inner Peace, Prosperity and Protection

MUDRAS FOR ASTROLOGICAL SIGNS
©2013 Volumes I. ~ XII. 12 Book Series
MUDRAS FOR ARIES, TAURUS, GEMINI, CANCER, LEO, VIRGO, LIBRA, SCORPIO, SAGITTARIUS, CAPRICORN, AQUARIUS, PISCES

LOVE MUDRAS
©2015 ~ Hand Yoga for Two

MUDRAS AND CRYSTALS
©2022 ~ The Alchemy of Energy Protection

MUDRAS FOR PTSD
©2023 ~ Release and Recode Your Aura Injury

MUDRAS FOR YOUR HEART
©2023 ~ Heal Your Love Matrix

THE HOLISTIC CAREGIVER, ©2023

YOUR SPIRITUAL PURPOSE, ©2023

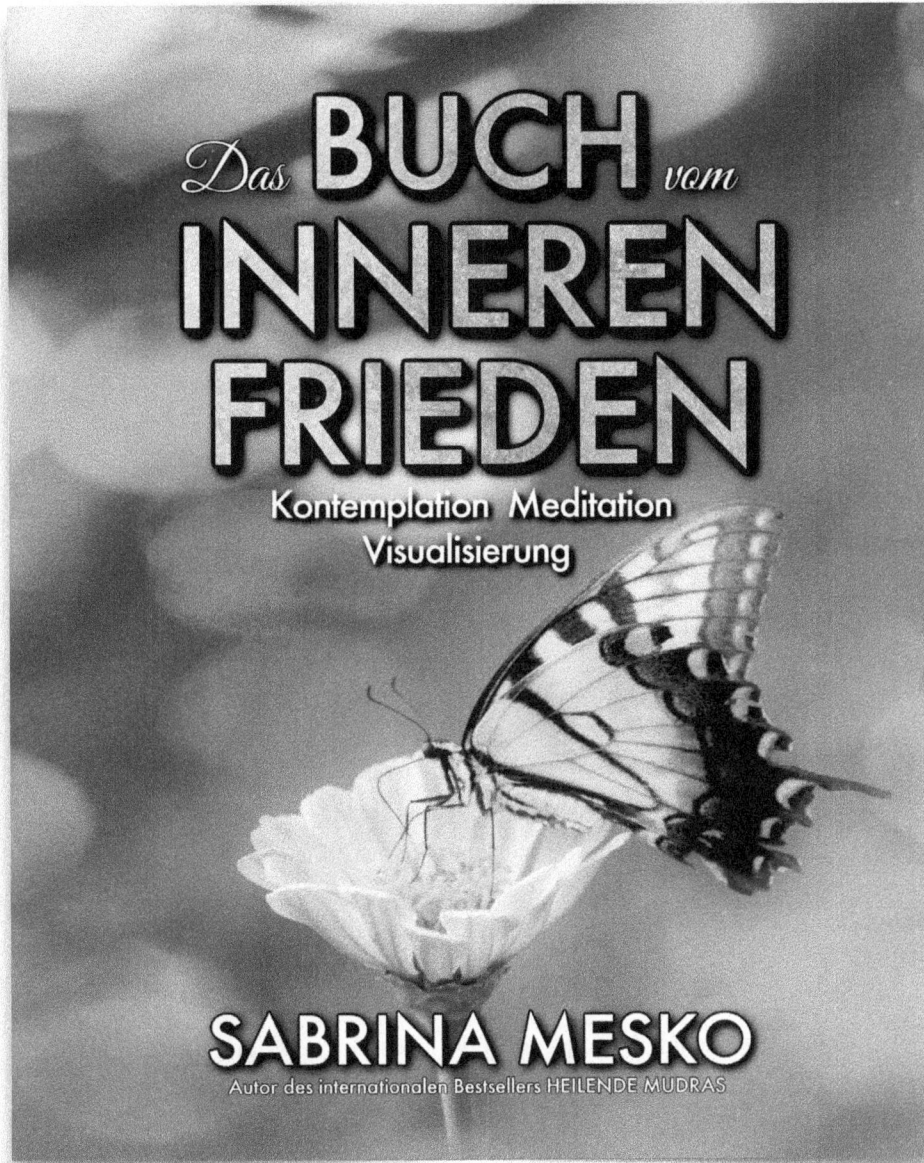

Das **BUCH** *vom*
INNEREN
FRIEDEN

Kontemplation Meditation
Visualisierung

SABRINA MESKO

Autor des internationalen Bestsellers HEILENDE MUDRAS

A Mudra Hands™ Book, Mudra Hands Publishing
Ein Abdruck von Arnica Press
www.ArnicaPress.com

ARNICA PRESS
www.ArnicaPress.com

Deutsche Erstausgabe Juli 2003
Wilhelm Goldman Verlag, München
in der Verlagsgruppe Bertelsmann GmbH

Deutsche Neuauflage Juni 2024

Copyright © 2002, 2013, 2024 Sabrina Mesko Ph.D.H.

Umschlagfoto & alle Photos: Sabrina Mesko
Illustration: Kiar Mesko
Aus dem Amerikanischen von Burkhard Hickisch

ISBN: 978-1-955354-51-6

Für meinen Vater Kiar

und Alles, was Er mir weiterhin beibringt

über das Geheimnis des Geistes

Neuauflage zum 21-jährigen Jubiläum!
Möge diese neue Ausgabe Ihnen mehr Freude und Weisheit für unsere Zukunft bringen,
damit wir alle inneren Frieden, Wohlstand und Universellen Schutz genießen können.

INHALT

TEIL I. FRIEDE

FRIEDE IN DEINEM KÖRPER

   Richtiger Atmen ist die Grundlage fürfein Wohlbefinden. lerne verschiedene
   Atemtechniken, mit deren Hilfe du Stress und Anspannung überwinden kannst.

   Achte auf die Botschaften, die dir dein Körper sendet, wenn er sich unwohl
   fühlt. verfeinere dein Gespür für körperliche Signale und hilf deinem Körper,
   sich selbst zu heilen.

   Lerne, störende Energien wahrzunehmen. Techniken für schnellen und einfachen
   Stressabbau - überall und jederzeit.

   Füll deine Energie durch wenige Momente absoluter Stille wieder auf.

   Beruhige deinen Körper und bereite ihn auf einen erholsamen und verjüngenden
   Schönheitsschlaf vor.

FRIEDE IN DEINEM GEIST

   Wie du dein Problembewusstsein überwindest und in jeder Situation innere Ruhe
   bewahrst.

   So schläft du Frieden am Arbeitsplatz. Deine innere Einstellung wirkt sich
   positiv auf deine Mitarbeiter und Kollegen aus.

FRIEDE IN DEINE SEELE

TEIL II. WOHLBEFINDEN

WOHLBEFINDEN FÜR DEINEN KÖRPER

Welche körperliche G Bewegung ist für dich die richtige?

Verlangsame den Alterungsprozess durch einfache tägliche Meditationstechniken.
Liebe dich selbst. Verwöhne deine Sinne und feiere deine Schönheit.

WOHLBEFINDEN FÜR DEINEN GEIST

Konzentriere dich auf das, was du erreichen willst, und steuere es zielstrebig an.
Erkenne und fördere deinen inneren Reichtum. Formuliere deine Wünsche und setz in die Tat um.
Überwinde Selbstzweifel und Unsicherheit und finde deine innere Stärke.
Wie du Wohlstand auf allen Ebenen anziehen kannst, indem du dir klare Ziele setzt.
Rechne immer mit neuen Gelegenheiten – es kommt nur auf den richtigen Zeitpunkt an. Sieh all die Türen, die sich für dich öffnen.

WOHLBEFINDEN FÜR DEINE SEELE

Denk an deine spirituellen Möglichkeiten. Überwinde die Hindernisse, die dich zurückhalten, und geh deinen eigenen Weg.
Hör auf deine innere stimme, denn dich gibt es nur einmal.
Erweitere dein Blickfeld. Söhne dich mit deiner Vergangenheit aus und lern aus deinen Erfahrungen.
Spring in die Quelle sprudelnden Überflusses und verbinde dich bewusst mit der universellen Kraft, die unbegrenzten Wohlstand für alle bereithält.
Die Erfüllung deiner Träume ist dein geburtsrecht. lass dich von deiner Zukunft Überrachen und mach den nächsten Schritt.

TEIL III. SCHÜTZ

SCHÜTZ FÜR DEINEN KÖRPER

SCHÜTZ FÜR DEINEN GEIST

SCHÜTZ FÜR DEINE SEELE

In der Seele ist deine ganze Vergangenheit gespeichert. Hör auf die Stimme, die dich am besten kennt.

EINLEITUNG

Ich glaube, dass du auf dieses Buch gestoßen bist, weil du ein friedlicher Mensch bist. Ich glaube, dass dir innerer und äußerer Friede sehr am Herzen liegen.

Ich glaube, dass deine Selle den Schmerz eines anderen Wesens mitfühlt.

Ich glaube, dass deine Seele mit jedem herzen lacht, das glücklich ist.

Ich glaube, dass deine Seele sich über jedes neugeborene Baby freut.

Ich glaube, dass dein Herz voller Liebe und Mitgefühl ist.

Ich glaube, dass wir Friedensbringer sind und deshalb jetzt auf dieser Erde leben, um frieden füralte zu schaffen.

Ich glaube, dass Zeit nicht existiert und Liebe niemals stirbt.

Ich glaube, dass die Reise nach innen ein faszinierendes Abenteuer ist.

Ich glaube, dass der Weltfrieden zur Realität wird, wenn wir gemeinsam beten und unsere Kräfte miteinander verbinden.

Ich glaube, dass Wohlstand und Überfluss für alle da sind.

Ich glaube, dass sie göttliche Energie i= und in jedem Moment beschützt.

Ich glaube, dass wir alle Gotteskinder sind und mehr geliebt werden, als wir uns jemals vorstellen können.

Ich glaube an Gott.

Und ich glaube an *dich*.

Sabrina

TEIL I.

ANLEITUNG ZUM ÜBEN

~ ICH BIN EIN EINZIGARTIGER TEIL DIESES GROSSARTIGEN UNIVERSUMS ~

WIE DU MIT DIESEM BUCH ARBEITEN KANNST

Die empfohlenen Visualisierungen dieses Buchs sind abwechslungsreich und leicht zu lernen. Sie werden dich auf die interessanteste Reise deines Lebens führen- das Abenteuer der Selbstentdeckung.

Du brauchst für die Visualisierungen jeden Tag nur ein paar Minuten Zeit und hast die freie Wahl, wann und wo du dich an einen ruhigen und ungestörten Platz zurückziehen kannst, um völlig zu entspannen und loszulassen. Sobald du jedoch mit dem inneren Reise vertraut bist, kannst du die Übungen überall anwenden.

DIE INNERE EINSTIMMUNG

Die innere Einstimmung dient zur Vorbereitung der Visualisierung. Indem du deine Gedanken vorliest oder aussprichst, öffnest du dein Bewusstsein für selbstbestärkende Informationen und aktivierst einen positiven Energiestrom in deinem Inneren.

Ein Beispiel: Du hast dich erkältet und befürchtest, krank zu werden. Es gibt in dieser Situation zwei grundlegende Möglichkeiten, wie du dich verhalten kannst. Du kannst passiv bleiben und verkünden:Ich fühle mich schrecklich, ich werde bestimmt krank. Die Erkältung hat mich voll erwischt..."

Oder du siehst, dass deine Gesundheit bedroht ist und dein Körper dich um Hilfe bittet. In diesem Fall würdest du sagen: "Ein Schnupfen ist im Anmarsch, aber ich tue alles, um gesund zu bleiben und die Erkältung abzuwehren. Ich weiß, ass ich jederzeit gesund sein kann..."

Der unterschiedliche Wortlaut deines inneren Dialogs hat einen starken Einfluss darauf, wie stark dich die Erkältung in Mitleidenschaft ziehen wird. Dein Denken bestimmt dein Handeln, und Worte sind mächtige energetische Werkzeuge. Wenn du sie in positiver Weise nutzt, wirst du immer gesunde Kräfte anziehen.
Die innere Einstimmung wird dabei helfen, die Visualisierungen gezielt und erfolgreich zur Steigerung von Gesundheit und Wohlbefinden einzusetzen.

DIE VISUALISIERUNGEN

Die Visualisierungen sind einfach und machen Spaß. Du brauchst nichts weiter zu tun, als dich von deiner Vorstellungskraft auf eine visualisierte Reise führen zu lassen. A, Anfang liest du dir die Übungen durch und stellst sie dir im Geiste vor. Wenn dir eine Übung schließlich vertraut ist, kannst du die genügend Zeit nehmen, die Augen schließen und wirklich loslassen.

Die Visualisierungen sind sehr leicht zu lernen. Diene Gedanken spielen dabei eine entscheidende Rolle. Lass dich von deiner inneren stimme führen und achte darauf, dass du gedanklich nicht abschweifst. Nimm dir genügend Zeit und schau dir alles an, was vor deinem inneren Auge auftaucht, während du Schritt für Schritt voranschreitest. keine Reise gleicht der anderen und ständig werden dir neue und bislang unerforschte Gebiete deiner Seele offenbart.

AFFIRMATIONEN

Nach jeder Visualisierung findest du eine Affirmation, weil dein Geist hinterher besonders empfänglich für die "Eingabe" einer bleibenden positiven Information ist. Die Affirmation kräftigt deine innere Einstellung und schafft neue selbstbestärkende Verhaltensmuster. Wiederhole die Affirmation laut oder in Gedanken mindestens eine Minute lang, nachdem du die Visualisierung beendet hast. Entspann dich und genieße den inneren Frieden und die innere Kraft.

DAS TAGEBUCH

Am Schluss jedes Kapitels findest du Anleitungen zum Eintrag in dein Tagebuch. Wenn du ein Tagebuch führst, wirst du viel schneller Fortschritte machen. Sobald Emotionen in Worte gefasst werden, bekommen sie ein anderes Gewicht und werden aussagekräftiger.

Du kannst Anmerkungen und Beobachtung aufschreiben und so deine Entwicklung Schritt für Schritt festhalten. Dadurch erhältst du ein klares Bild von dem, was du bereits erreicht hast und was du dir als nächstes vornehmen willst. Das Tagebuch wird sich auf deiner Reise zu innerem Frieden, Wohlbefinden und Schutz als sehr nützlich erweisen.

~ Es ist Zeit, meine Vergangenheit,
Gegenwart und Zukunft zu heilen ~

DEINE CHAKRA - KARTE

ERSTES CHAKRA - GRUNDLAGE UND VITALITÄT
Es repräsentiert: Überleben, Nahrung, Unterkunft, Mut, Wille, Fundament
Bereich: Basis der Wirbelsäule. *Farbe:* Rot

ZWEITES CHAKRA - SEXUALITÄT UND KREATIVITÄT
Es repräsentiert: Sex, Kreativität, Fortpflanzung, Familie, Inspiration
Bereich: Geschlechtsorgane *Farbe:* Orange

DRITTES CHAKRA - EGO UND GEIST
Es repräsentiert: Ego, emotionales Zentrum, der Intellekt, der Geist
Bereich: Solar plexus *Farbe:* Gelb

VIERTES CHAKRA - LIEBE
Es repräsentiert: Bedingungslose wahre Liebe, Hingabe, Glaube, Mitgefühl
Bereich: Herzregion *Farbe:* Grün oder Rosa

FÜNFTES CHAKRA - WAHRHEIT UND KOMMUNIKATION
Es repräsentiert: Stimme, Wahrheit, Kommunikation, höheres Wissen
Bereich: Kehle *Farbe:* Blau

SECHSTES CHAKRA - INTUITION
Es repräsentiert: Drittes Auge, Vision, Intuition
Bereich: Drittes Auge *Farbe:* Indigo

SIEBTES CHAKRA - GÖTTLICHE WEISHEIT
Es repräsentiert: Universelles Gottesbewusstsein, die Himmel, Einheit, Demut
Bereich: Oberkopf, Krone *Farbe:* Violett

MEDITATION FÜR DEN WELTFRIEDEN

Sitz bequem und schließ die Augen.
Atme tief und langsam ein und aus in Konzentriere dich dabei voll und ganz auf den Atem. beruhige deine Gedanken.

Visualisiere unseren wunderschönen Planeten.
Stell dir vor, wie die Erde sich langsam in Weltall dreht. Sie, wie das Sonnenlicht auf ihrer Oberfläche wandert und die eine Hälfte des Planeten in tiefe Nacht taucht. Auf diesem Planeten bist du zu Hause.

Dein Zuhause ist wunderschön. Es leuchtet in vielen Farben un Regenbogens, dazwischen blaue Ozeane und weiße Wolkenmeere. Es vibriert vor Leben, Liebe und Lachen.
Umgib nun die Erde mit einem schützenden weißen Licht aus liebe und frieden.
Stell dir vor, wie das weiße Licht jedes Wesen aus der Erde bis in die letzte Zelle durchdringt.

> ### ICH UMGEBE DIE ERDE UND ALLE LEBEWESEN
> ### MIT DEM GÖTTLICHEN LICHT DES FRIEDENS UND DER LIEBE.

Diese Schwingung des Friedens heilt alle Wunden und Schmerzen. Sie füllt deine Selle mit einer gewaltigen Welle innerer Erkenntnis und Gewissheit.
Die Vergangenheit und die Zukunft verschmelzen im Moment dieses Augenblicks.
Du weißt, dass du immer behütet und beschützt bist.
F Du erkennst, dass all deine Probleme bedeutungslos sind und lässt alles los.
Alle Menschen legen sich nieder zur Nachtruhe und schlafen glücklich ein.
Ein heilsames weißes Licht umgibt und durchdringt nun die gesamte Erde und jedes Wesen.
Du wirst bedingungslos geliebt.
Du liebes dich so, wie du bist, und fühlst dich eins mit dem Universum..."

Wiederhole diese Affirmation mehrere Male und geh ganz in ihr auf.
Führe die Visualisierung jeden Tag ungefähr drei Minuten lang aus.
Sieh die erde jetzt und für alle Zeit im Frieden.
So sol und wird es sein.

TEIL II.

FRIEDE

Friede in deinem Körper

~ ICH BIN EIN FREIGEIST, DER IN MEINEM
VORÜBERGEHENDEN ZUHAUSE LEBT ~

1. HEILENDER ATEM

Richtiges Atmen ist für die Gesundheit und den Frieden von Körper, Geist und Seele von grundsätzlicher Bedeutung. Du nimmst deinen ersten Atemzug, wenn du auf die Welt kommst, und atmest das letzte Mal aus, wenn du sie wieder verlässt. Atmen ist ein wesentlicher Bestandteil deines Lebens. Wie du atmest, offenbart viel über deinen geistigen Zustand, über deine Emotionen und deine allgemeine Gesundheit. Außerdem gibt der Atem Auskunft über deine Persönlichkeit und deinen Energiehaushalt.

> RICHTIGES ATMEN HAT POSITIVE AUSWIRKUNGEN AUF DEIN ALLGEMEINES WOHLBEFINDEN, DENN ES SENKT HOHEN BLUTDRUCK, BEFREIT VON STRESS UND ANSPANNUNG UND HILFT DABEI, GIFTE AUS DEM KÖRPER AUSZUSCHEIDEN.

Außerdem fördert es einen gesunden Glanz der Haut. Wenn du dich körperlich bewegst, ist Außerdem fördert es einen gesunden Glanz der Haut. Wenn du dich körperlich bewegst, ist es wichtig, richtig zu atmen, denn dadurch unterstützt du die natürliche Fähigkeit des Körpers, bestimmte Giftstoffe auszuatmen. Die meisten von uns atmen nicht richtig, obwohl unsere Atmung als Baby perfekt gewesen war. Hast du jemals beobachtet, wie friedlich ein schlagendes Baby atmet?

Bei jedem Lufthüllen dehnt sich der Bauch aus, und mit jedem Ausatmen entspannt er sich. Dies ist die natürliche Art und Weise zu atmen. Wir neigen jedoch dazu, genau umgekehrt zu atmen. Wie konnte es dazu kommen? Unsere jahrzehntelange Erfahrung von Stress, von Sorgen und Ängsten hat dazu geführt, dass wir die Bauchgegend, die entspannt sein sollte, anspannen und dicht machen. Wir haben vergessen richtig zu atmen, und es gibt nur noch wenig Raum, wo vitale, heilende Energie in unseren Körper eindringen kann. Die gute Nachricht ist allerdings, dass du leicht an ein gesundes Atmen erinnern und es dir wieder angewöhnen kannst.

Beobachte, wie sich dein Atmen bei jeder Tätigkeit und besonders mit jedem emotionalen Zustand verändert. Wenn du sehr angespannt bist, atmest du fast nur noch aus. Wenn du verliebt bist, geht dein Atem schnell, und es gibt Momente, in denen es scheinbar "aussetzt".

> DEINE GEFÜHLE KONTROLLIEREN DEN ATEM.

Wenn du daher lernst, bewusst mit deinem Atem umzugehen, wirst du auch in der Lage sein, deine Emotionen positiv zu beeinflussen. Du hast die Wahl. Achte also sorgfältig an deinen Atem.

Bist du ein "Einatmer", der tief Luft holt, aber nur selten auch tief ausatmet? Wenn dies der Fall ist, bist du von Natur aus hektisch und ruhelos, du machst dir ständig Sorgen und tust dich schwer, auch einmal abzuschalten. Du musst also lernen, bewusst auszuatmen. probier es mal kurz aus: Atme langsam und tief ein und beobachte dabei, wie schnell du dich entspannst.

Oder bist du eher ein "Ausatmer", der hauptsächlich ausatmet und nur selten einen tiefen, ermutigenden Atemzug nimmt? Wenn dies der Fall ist, bist du in der Regel immer müde, lustlos, pessimistisch und nicht offen für neue Abenteuer. Für dich ist es an der Zeit, einatmen zu lernen und die Lebensenergie in deinen Körper zu lassen, sodass jede Zelle zu neuen Leben erwachen kann.

Unabhängig von deinem Atemtyp folgt nun eine kleine Übung, die dir hilft, zur Ruhe zu kommen und dich tief zu entspannen. Sie dauert nur wenige Minuten und hat eine lang anhaltende wohltuende Wirkung.

INNERE EINSTIMMUNG

"Ich nehme mir ein paar Minuten Zeit für mich. Ich brauche und verdiene diese Zeit.
Ich kann mich daran erinnern, wie es ist, richtig zu atmen.
Ich habe Geduld mit meinem Körper. Mit jedem Einatme spüre ich frische Lebensenergie,
Und beim Ausatmen lasse ich alle Anspannung los. Ich bin entspannt und weiß,
dass sich tiefen inneren Frieden erlangen kann, wenn ich täglich einige Minuten bewusst atme.
Ich schaffe dadurch eine neue positive Gewohnheit für mich, die mir gut tut."

ATEMÜBUNG

Sitz bequem. Beide Füße stehen fest auf dem Boden. Achte darauf, dass dein Rücken gerade ist, sodass du deinen Atem in der Vorstellung problemlos zu jedem Teil deines Körpers führen kannst, leg nun beide Hände auf deinen Solarplexus in der Höhe des Oberbauchs und atme nur noch durch die Nase. Hole Luft ein und fühle, wie sich Bauch und Solarplexus entspannen und ausdehnen. deine Schultern hängen dabei nach unten und sind entspannt.

Nur die untere Brustgegend und der Bauch dehnen sich aus, alles andere bewegt sich nicht, sondern verharrt wie eine schöne Skulptur. Entspann die Bauchmuskulatur und lass verkrampftem schädliche Energie in diesem Körperbereich los. Dies wird dir nur gelingen, wenn du den Bauch bei jedem Lufthüllen lockerst und ausdehnst.

Wenn du ausatmest, zieh den Bauchbereich leicht nach innen und spann die Bauchmuskeln an. Wiederhole diese einfache, langsame Atemübung; dehne mit jedem Einatmen deinen Bauch aus und zieh ihn beim Ausatmen vorsichtig zusammen. Achte darauf, wie die Energie im gesamten Körper zu zirkulieren beginnt. Die Energie, die bislang tief im Bereich des Solarplexus eingeschlossen war, kommt nun zum Vorschein und ein erleichternder Seufzer entspannt dich von Kopf bis Fuß. Um dein Atmen zeitlich zu kontrollieren, brauchst du nur langsam einzuatmen und gleichmäßig bis fünf zu zählen. Halt dann den Atem dieselbe Zeit an und atme ebenso lange aus. Zähle zum Schluss erneut bis fünf, bevor du wieder einatmest.

Wiederhole diesen Vorgang ein paar Minuten lang. Achte darauf, wie schnell der ganze Körper ruhig wird und sich entspannt. Vielleicht hast du ein Gefühl wie beim Gähnen, denn auch hier befreit sich der Organismus auf natürliche Weise von gestautem Stress und blockierter Energie. Bleib danach ruhig sitzen und genieße den Zustand des Friedens, der sich durch diese einfache Übung in deinem Inneren ausweitet.

AFFIRMATION

Wiederhole mit jedem Atemzug die folgende Affirmation:

> **ICH ATME ANGESTAUTE NEGATIVE ENERGIEN AUS UND LADE MIT JEDEM ATEMZUG NEUE POSITIVE ENERGIEN, IDEEN UND MENSCHEN IN MEIN LEBEN EIN.**

Wiederhole diese Übung im Laufe des Tages, sooft es dir sinnvoll erscheint. Mach sie auf jeden Fall morgens unmittelbar nach dem Aufwachen und abends vorm Einschlafen.

TAGEBUCH

Halte den Tag, an dem du mit der Atemübung angefangen hat, in denen Tagebuch fest. Neigst du dazu, mehr ein- oder mehr auszuatmen? versuche, ein Gleichgewicht zwischen Ein und Ausatmen zu finden und genieße den Zustand tiefer Entspannung, den du dadurch erreichst.

Denk an eine bestimmte Situation oder Person in deinem Leben, die dich zurzeit am meisten herausfordert. Achte darauf, wie dein Atem sich allein dadurch verändert, dass du an sie denkst, konzentriere dich und atme den Stress als den etwas oder jemand in dir auslöst.

Halte dann vor dem Schlafengehen die Ereignisse des Tages fest und beschreibe die Emotionen, die damit in Verbindung standen.

Atme die angestaute Energie aus, die aufgrund dieser Ereignisse immer noch in dir steckt. Schreib jeden Tag etwas über deinen emotionalen Zustand und dokumentiere, wie schnell dir richtiges Atmen dabei hilft, Stress abzuschütteln und innerlich ruhig zu werden. Du wirst erstaunt sein, wie heilsam sich die neu erworbene Atemtechnik auf dein ganzes Leben auswirkt.

2. KOMMUNIZIERE mit DEINEM KÖRPER

Eine wichtige Voraussetzung für Gesundheit und Wohlbefinden ist ein ständiger Austausch mit dem Körper. Es geht darum, in Einklang" mit unserem Organismus zu sein. Ein sehr wichtiger Teil auf dem Weg zu innerem Frieden ist die Abstimmung mit dem Körper. Ihn zu kennen, ihn zu fühlen und seine Botschaften zu empfangen, kann jedoch leicht erlernt werden.

Dein Körper ist ein wunderbares, äußerst empfindsames Gebilde. Er hat eine erstaunliche Fähigkeit, sich mitzuteilen und selbst zu heilen. Wenn du lernst, seine Botschaften wahrzunehmen, kann dies für dich zu einem wertvollen Selbstheilungsinstrument werden.

Dies bedeutet nun freilich nicht, man müsse beim leichtesten Unwohlsein gleich hysterisch werden oder wie besessen nach Krankheitsanzeichen suchen verfeinere vielmehr behutsam deine geistige Wahrnehmung und stelle eine Verbindung mit dem Körper her. Indem du dich an diese Methode hältst, wachsen Körper, Geist und Seele allmählich immer mehr zu einer Einheit zusammen.

DEINE ERSTE INNERE EINSTIMMUNG

Visualisiere deinen Körper und begin den inneren Dialog mit folgenden Worten:
"Hallo. Wie fühlst du dich heute? Ist da etwas, das meine Aufmerksamkeit erfordert?
Halte ich irgendwo unnötige Energie fest, die ich besser loslassen sollte?
Ich werde ganz in dich hineinführen und intuitiv nach Mitteilungen Ausschau halten,

VISUALISIERUNG

Diese Übung kannst du im Sitzen oder im Liegen durchführen. Mach es dir bequem und entspann dich. Schließ deine Augen. Fokussiere den Geist auf deinen Körper und betrachte dich innerlich vom Kopf bis zum Fuß. Nun bist du bereit anzufangen.

Einatme durch die Nase ein und dehne dabei Bauch sowie den Bereich des Solarplexus aus. Atme aus, indem du dich entspannst und den Bauch leicht nach innen ziehst. Atme auf diese Weise während der gesamten Übung weiter. Wir wollen deinen Körper jetzt der Reihe nach durchgehen.

Fokussiere die gesamte Aufmerksamkeit auf deine Füße. Stell dir die Zehen vor, die Ferse, die Sohle- den ganzen Fuß. Atme ein und visualisiere dabei, dass deine Füße in heilendem weißen Licht baden. Geh dann über zu den Knöcheln und weiter zu den Waden, den Kniegelenken, den Schenkeln und den Hüften. Fülle jeden Körperabschnitt, nachdem du in ihn hineingespürt hast, mit heilendem und beschützendem weißen Licht.

Fahre nun fort mit den Geschlechtsorganen, dem Unterleib und dem Bauch. Immer wenn du die Aufmerksamkeit auf einen neuen Körperbereich richtest, solltest du ruhig und tief ein und ausatmen. Wenn du die Untersuchung eines Körperteils im Geiste abgeschlossen hast, fülle ihn in der Vorstellung mit heilendem weißem Licht. Geh nun noch zum Solarplexus und atme dabei tief und ruhig ein und aus. Lass die Luft in die Schultern, die Brust, die Lungen und das Herz strömen. Fülle auch sie wieder mit heilendem weißem Licht.

Taste deinen ganzen unteren Rücken, den mittleren Rückenbereich und den oberen Rücken ab. Wenn du in irgendeinem Bereich des Körpers eine Spannung oder Unbehagen spürst, verweile dort einen Moment und atme tief in ihn hinein. Stell dir vor, du packst alle Unstimmigkeiten und Schmerzen in eine kleine graue Wolke.

Betrachte diese Wolke mit deinem geistigen Auge. Atme tief ein und visualisiere beim Ausatmen, dass die graue Wolke deinen Körper verlässt. Wiederhole diesen geistigen Vorgang mit jedem Ausatmen so lange, bis die Wolke völlig verschwunden ist. Fülle nun die Stelle, die sich nicht gut angefühlt hat, mit strahlendem weißem Licht. Konzentriere dich darauf, alle Anspannung auszuatmen und sie durch heilendes Licht und wohltuenden Frieden zu ersetzen.

Visualisiere dann die Fingerspitzen, die Hände, die Unter- und Oberarme, die Schultern und den Nackenbereich. Atme in das Gesicht, das Kinn, die Wangen, den Mind und die Lippen. Geh dann über zur Nase, zu den Augen, den Ohren und der Stirn. Lass dir für jeden Bereich genügend Zeit und atme tief rinn, wenn du dich auf einen bestimmten Körperteil konzentrierst. Atme in den hinteren oberen Teil des Kopfes.

Jedes Mal, wenn du eine Störung fühlst, atme tief und visualisiere beim Ausatmen, dass die kleine graue Wolke deinen Körper verlässt. ersetze die Stelle, und der sie sich befand, mit strahlendem weißem Licht. Atme das weiße Licht und das Gefühl von Frieden und Liebe ein.

⅄

DEINE ZWEITE INNERE EINSTIMMUNG

Sprich, nachdem du die Stille genossen und die verschiedenen Bereiche deines Körpers visualisiert hast, die folgenden Worte:

"Ich habe überall nachgesehen und deine Botschaften empfangen. Ich bin froh, dass du mich daran erinnert hast, wo du Hilfe brauchst. Ich höre dir immer zu und schenke die meine ungeteilte Aufmerksamkeit, denn ich möchte, dass du gesund bist. Ich schätze und liebe dich."

ANMERKUNG

Sollte es einen bestimmten Bereich geben, in dem du wiederholt Schmerzen spürst, so atme gesielt in diese Stelle und stell dir dabei vor, du füllst sie mit weißem Licht. Wenn Schmerz und Unbehagen daraufhin nicht verschwinden, suche bitte medizinischen Rat.

Das Visualisieren von heilendem weißem Licht unterstützt jeden Krankheitsverlauf auf positive Weise und hat keinerlei negative Auswirkungen. Wenn du mit dieser Visualisierung vertraut bist, wirst du sie in jeder Umgebung immer schneller durchführen können. Sie ist ein gutes Mittel, um mit der Gesundheit des eigenen Körpers in Kontakt zu sein und in sich zentriert zu bleiben. Auf diese Weise hast du die Möglichkeit, mit deinem "physischen Selbst" zu kommunizieren.

AFFIRMATION
Wiederhole die affirmation oder einzelne Teile während der Übung:

"ICH SCHICKE LIEBE UND HEILENDES LICHT IN JEDE ZELLE MEINES KÖRPERS. WAS ICH NICHT MEHR BRAUCHE, LASSE ICH LOS. ICH BEEINFLUSSE DIE ENERGIEN, DIE MEIN WESEN UND MEINEN KÖRPER DURCHDRINGEN. ICH BIN ERFÜLLT VON STRAHLENDEM WEISSEM LICHT, DAS MICH HEILT UND SCHÜTZT..."

TAGEBUCH

Notiere im Tagebuch all die Stellen deines Körpers, die sich nicht gut angefühlt haben. Schreibe das Datum auf und schau, welche emotionalen Erfahrungen du an diesem Tag gemacht hast. Diese Vorgehensweise kann erheblich dazu beitragen, dass du die Botschaften deines Körpers auf einer tieferen Ebene verstehst. Es ist auch wichtig, sich Klarheit darüber zu verschaffen, welcher Teil des Körpers besonders im feinstofflich-energetischen Ungleichgewicht ist. Schau nach, zu welchem Chakra (siehe Seite 19) der entsprechende Bereich gehört. Wenn du zum Beispiel fortwährende Probleme in der Solarplexus- bzw. Bauchgegend hast, untersuche die Gefühle von Wut, Angst und Hass, die du vielleicht in deinem Inneren verbringst. Denk immer daran, dass wir energetisch mit allem verbunden sind und dass sich alles ständig auf alles auswirkt. Eine solche Vorgehensweise wird dir auf deiner Entdeckungsreise zu wahrem innerem Frieden von großem Nutzen sein.

3. WIE DU STRESS LOSWERDEN KANNST

Wenn die Schwingung unserer Umgebung sich mit nichtharmonischer Energie auflädt, erfahren wir diese Störung als Stress. Und Stress ist ungesund. Eines der größten Gesundheitsprobleme unserer Zeit schleicht sich an einem gewissen Punkt in das Leben aller Menschen an. Wenn wir nicht aufpassen und den Überblick verlieren, entsteht sofort Stress, und Stress ist ein ungebetener Gast, den man nicht so leicht wieder loswirft. Dennoch können wir einiges tun, um die so genannten Stressfaktoren zu meiden bzw. ihre Wirkung abzuschwächen und unser Leben damit entscheidend zu verbessern. Wir können die Stressursache herausfinden und die Zeit auf ein Minimum beschränken, in der wir uns in einem disharmonischen Umfeld und in disbalancierten Beziehungen zu anderen Menschen aufhalten müssen.

> WENN DU DICH VOLLKOMMENER GESUNDHEIT ERFREUTST,
> BEFINDEN SICH DIE SCHWINGUNGEN DEINES KÖRPERS

Keine sinnvolle Alternative ist es, Stress zu ignorieren und ihn damit letztlich doch zum bestimmenden Faktor unseres Lebens zu machen. Denn irgendwann ist die Belastungsgrenze des Körpers erreicht und eine Krankheit wird dich dazu zwingen, dass du dich dann umso mehr mit dem Stress auseinander setzt, der sich in deinem Leben breit gemacht hat.

Jede Anspannung, die von außen auf ihn einwirkt, kann die perfekte Harmonie stören und ein Ungleichgewicht verursachen. Eine solche Disharmonie hat dann Auswirkungen auf den ganzen Körper und auf jede einzelne Zelle. Der Auslöser des Ungleichgewichts kann in dem Bereich liegen, der energetisch und emotional am stärksten auf den Stress reagiert. Um die energetische Struktur seines Körpers intuitiv zu erfassen, sollte man sich mit den Energiezentren des Körpers – den Chakras – befassen, die auf Seite 19 beschrieben werden. Eine solche Grundkenntnis ist sehr hilfreich, wenn du bereit bist, dich mit den emotionalen Stresssymptomen wirklich auseinanderzusetzen und zu erkennen, wie sie unaufhörlich deinen emotionalen und körperlichen Zustand bestimmen.

Das Gefühl der Angst sitzt zum Beispiel im Bauch und beeinflusst unter anderem die Verdauung; Beziehungsprobleme schlagen sich in der Brust nieder und beeinträchtigen Herz und Lunge. Die nichtharmonische Schwingung führt im Körper über kurz oder lang zu einer

Art Dominoeffekt. Sie konzentriert sich in bestimmten Energiezentren, die mit der emotionalen Ursache des Problems in enger Verbindung stehen. Anfang fühlst du dich vielleicht nur ein wenig unwohl, aber dieses Unwohlsein kann der Vorbote einer Krankheit sein. Stress zu identifizieren und gezielt abzubauen ist daher von allergrößter Wichtigkeit. Wie gesagt: Wenn du ihn einfach ignorierst, wird er dich früher oder später einholen. Daher ist es die beste und gesündeste Gewohnheit, die Stresssymptome immer wieder genau zu beobachten und sie möglichst zu beseitigen bzw. abzuschwächen, zum Beispiel mithilfe regelmäßiger Entspannungsübungen; diese tragen außerdem dazu bei, friedliebende Menschen anzuziehen und harmonische Situationen zu schaffen.

INNERE EINSTIMMUNG

Um dich auf die nachfolgende Übung einzustimmen, beruhige deinen Geist und sage:

"Ich gebe mir selbst das Geschenk dieser Entspannungsreise, um meine Gesundheit zu schützen und meine Stärke, innere Weisheit und Harmonie auf allen Ebenen zu bewahren.
Ich umschiffe die Untiefen des Lebens und bleibe unversehrt und ruhig.
Mein Friede wirkt sich auf andere aus und verstärkt die Heilenergie aller Wesen."

VISUALISIERUNG

Such die einen ruhigen und ungestörten Platz. Setz oder leg dich hin und entspann dich. Atme tief ein und aus. Hör auf deinen Atem, während du dich immer mehr entspannst. löse dich in Gedanken langsam und leicht von deinem Körper und schau auf dich hinab. Nimm jetzt deine innere Vision wahr und beobachte deine Chakras, die Energiezentren deines Körpers.

DAS ERSTE CHAKRA befindet sich am unteren Ende der Wirbelsäule. Es ist verbunden mit Überlebenskampf, finanzieller Sicherheit, Vitalität und Erdung. Wie fühlt sich dein Leben in diesen Bereichen an? Achte darauf, ob du hier Verspannungen spürst, konzentriere dich und atme alle Emotionen druckkraftvoll aus.

AFFIRMATION

"ICH ATME ALLEN STRESS AUS UND FÜHLE MICH
SICHER UND VOLLER LEBENSENERGIE.
ICH BIN MIT DER UNBEGRENZTEN KRAFT DER ERDE VERBUNDEN."

DAS ZWEITE CHAKRA befriended sich im Bereich der Geschlechtsorgane. Es ist verbunden mit sexuellem Ausdruck, Kreativität, Fortpflanzung und Familie. Wie fühlt sich dein Leben in diesen Bereichen an? Beantworte diese Frage ehrlich, konzentriere dich und atme allen emotionalen Druck kraftvoll aus.

AFFIRMATION

> "ICH ATME ALLEN STRESS AUS UND FÜHLE MEINE SEXUELLE KRAFT.
> ICH BIN KREATIV UND FEST IM LEBEN MEINER FAMILIE VERANKERT."

DAS DRITTE CHAKRA befindet sich im Bereich des Solarplexus. Es ist verbunden mit dem Ego, dem Verstand und dem Geist. Hier sitzt unter emotionales Zentrum. Gefühle von Wut und Angst sind hauptsächlich dort lokalisiert. Gibt es irgendwelche ungelösten Emotionen in diesem Bereich? Beantworte diese Frage ehrlich, konzentriere dich und atme allen Stress und allen Besorgnis kraftvoll aus, die mit diesen Gefühlen verknüpft sind.

AFFIRMATION

> "ICH ATME ALLEN STRESS AUS UND FÜHLE MICH DORT, WO ICH BIN,
> SICHER UND GEBORGEN."

DAS VIERTE CHAKRA befindet sich im Bereich des Herzens. Es ist verbunden mit allen Angelegenheiten des "Herzens": mit Liebe, Selbstliebe, Mitgefühl und Vertrauen. Entspann dich auch hier und würdige alles in deinem Leben, was mit Liebe zu tun hat. Nimm alle Gefühle, die hier auftauchen, bewusst wahr und atme alle Anspannung kraftvoll aus.

AFFIRMATION

> "ICH ATME ALLEN STRESS AUS UND FÜHLE MICH
> VOLLKOMMEN VON DER GÖTTLICHEN MACHT GELIEBT UND GENÄHRT."

DAS FÜNFTE CHAKRA befindet sich im Bereich des Kehlkopfs. Es ist verbunden mit Kommunikation, Wahrheit, höherem Wissen und der Stimme. Wie fühlt sich dein Leben in diesen Bereichen an? Verleihst du deinem wahren Selbst eine Stimme, indem du offen aussprichst, was du denkst und fühlst? Launch auf die Antwort aus deinem wahren Selbst eine Stimme, indem du offen aussprichst, was du denkst und fühlst? Lausch auf die Antwort aus deinem tiefsten Innern und atme allen Stress und allen Anspannung kraftvoll aus.

AFFIRMATION

"ICH ATME ALLEN STRESS UND FÜHLE MICH SICHER, FÜR MICH SICHER, FÜR MICH ZU SPRECHEN. ICH SAGE, WAS ICH NICHT MÖCHTE UND WAS ICH BRAUCHE, UM GLÜCKLICH ZU SEIN."

DAS SECHSTE CHAKRA befindet sich im Bereich des Dritten Auges in der Mitte der Stirn. Es ist verbunden mit Intuition und innerer Vision. Konzentrier dich auf dein höheres Selbst und frag dich, wie sehr du mit deiner inneren Stimme verbunden bist und wie oft du auf sie hörst. Entspann dich, atme und warte auf die Antwort. Atme alle Zweifel und Anspannung aus.

AFFIRMATION

"ICH ATME ALLEN STRESS UND ÖFFNE MEIN INNERES AUGE FÜR DIE UNENDLICHKEIT. ICH NEHME DAS HÖHERE WISSEN AUF, DAS MIR IMMER ZUR VERFÜGUNG STEHT, UND LASSE MICH JEDERZEIT VON IHM LEITEN."

DAS SIEBTE CHAKRA befindet sich am Scheitelpunkt des Kopfes. Es ist verbunden mit dem universellen göttlichen Bewusstsein und den höheren Daseinsebenen. Entspann dich und beantworte dir ehrlich die Frage, wie oft du deine Aufmerksamkeit auf die universelle göttliche Allmacht richtest. Warte geduldig auf eine Antwort und atme alle negativen Gefühle und alle Sorgen aus.

AFFIRMATION

"ICH ATME ALLEN STRESS UND VERTRAUE DER GÖTTLICHEN MACHT, DIE MICH JETZT UND FÜR ALLE ZEIT BESCHÜTZT UND FÜHRT UND BEDINGUNGSLOS LIEBT."

TAGEBUCH

Halte fest, welche Gefühle bei der Visualisierung der einzelnen Chakras in deinem Inneren auftauchen. Praktiziere diese Übung von nun an regelmäßig und beobachte genau, wie sich deine Lebensumstände allgemein und Hinblick auf deinen Stresszustand ändern. Setz alles daran, störende Einflüsse aus deinem Leben zu verbannen, damit Friede in deinen Alltag einziehen kann. Notiere alle positiven Veränderungen, die das regelmäßige Anwenden dieser Übung mit sich bringt.

4. KOMM IN DER STILLE ZU NEUEN KRÄFTEN

Die Belastungen und Anforderungen des Alltags zerren an unserem Energiereservoir. Manchmal fällt es uns sogar schwer, morgens aufzustehen und den neuen Tag zu beginnen. Viele leiden unter chronischer Müdigkeit und anderen Erschöpfungszuständen. Zeit zur Entspannung ist in unserem Tagesablauf nicht vorgemerkt, und wenn doch, haben wir dann dennoch meistens etwas "Besseres" zu tun. Oftmals zwingt uns erst eine ernsthafte Krankheit oder ein Unfall dazu, kürzer zu treten und auf das zu hören, was uns der Körper schon zeitlang mitteilen will. Warum dauert es fast eine Ewigkeit, bis wir endlich unsere Aufmerksamkeit auf so etwas Wichtiges und Entscheidendes lenken wie Ruhe und Ausgeglichenheit in unserem Dasein?

Du bestimmst dein Leben und egal, wie voll gepackt dein Tagesablauf ist und wie viele Verpflichtungen du nachkommen musst, du allein bist dafür verantwortlich, dass sich bei dir etwas in positiver Richtung verändert. Natürlich müssen die meisten von uns arbeiten, um unseren Lebensunterhalt zu verdienen. Wenn wir uns dabei jedoch gleich wie Workaholics aufführen, wird unsere Gesundheit darunter leiden, und eines Tages müssen wir die Zeche dafür zahlen, dass wir uns permanent geweigert haben, in angemessenen Zeitabständen einfach einmal nur ruhig dazusitzen, bewusst zu atmen und den Dingen ihren Lauf zu lassen. Ohne regelmäßige Momente der Stille ist das Leben ein niemals endendes Wettrennen. Würde es wirklich so einen großen Unterschied machen, wenn du dir in deinem Terminplan täglich eine halbe Stunde Zeit für *dich* selbst nähmest?

> DER EHRLICHE WUNSCH, DEIN LEBEN AUSGEGLICHENER ZU GESTALTEN, BEDARF NÄMLICH AUCH DER KONSEQUENTEN UMSETZUNG ENTSPRECHENDER MASSNAHMEN, UM DIESES ZIEL ZU ERREICHEN.

Es ist hilfreich, die Zeit für dich selbst genauso wichtig zu nehmen wie alle anderen Termine. Betrachte sie einfach als unumstößliche Notwendigkeit. Du bist deswegen niemandem Rechenschaft schuldig. Es ist einfach die Zeit, die du brauchst, um dich zu erholen. Du lässt es ja wohl auch nicht zu, dass dir jemand sagt, wann du ins Bett zu gehen hast. Gib dir also einfach die Erlaubnis, dich um dich selbst und deine Gesundheit zu kümmern. Sehr wahrscheinlich wird sich deine Kreativität und Produktivität dadurch entscheiden verbessern, und du wirst für die scheinbar "geopferte Zeit um ein Vielfaches entschädigt. Jede Machine braucht einmal eine Ruhepause. Der "menschliche Machine" – dem Körper – geht es da nicht anders. Wenn du jeden Tag die Energiereserven deines Organismus durch wenige Momente absoluter Stille auffüllst, kannst du dem Leben mit voller Kraft entgegentreten.

⊙

INNERE EINSTIMMUNG

Ich gönne mir Zeit zum Ausruhen und achte darauf, wenn mein Körper mir sagt, dass er eine Pause braucht. Ich werde untersuchen, warum ich das Bedürfnis verspüre, ständig beschäftigt zu sein. Habe ich das Bedürfnis, der Welt zu beweisen, dass ich produktiv bin? Kann ich lernen, mindestens fünf Minuten am Tag still, gelassen und sorgenfrei zu sein? Das ist mein Ziel und meine neue Praxis.

VISUALISIERUNG

Diese Übung kann zu deiner täglichen Routine werden. Gib ihr einen festen Platz in deinem Terminplan, sodass dein Körper weiß: Es gibt eine festgesetzte Zeit, in der er sich ausruhen und erholen kann.

Beobachte am Anfang den Rhythmus deines Körpers. Zu welchen Zeitpunkten im Tagesablauf hast du m wenigsten Energie? Wenn es möglich ist, gib dem Körper genau dann einige Momente der Ruhe. Hast du jedoch zu viele Verpflichtungen, sodass du warten musst, bis der Arbeitstag vorüber ist, gönn dir zumindest eine zehnminütige Pause, sobald du zu Hause bist. Deine Familie wird dein Ruhebedürfnis sicher respektieren, und alles andere kann diese zehn Minuten, die du für dich brauchst, warten. Wenn dir deine Pause zur Gewohnheit geworden ist, kannst du deiner ganzen Familie vorschlagen, während deiner Ruhezeit ebenfalls zu ruhen und still zu sein. Und d zehn Minuten wirklich keine lange Zeit sind, kannst du bestimmt darauf vertrauen, dass sich alle an die neue Vereinbarung halten.

Eine harmonische Umgebung ist für diese Übung von großer Bedeutung. Vielleicht legst du Entspannungsmusik auf, um eine ruhige Atmosphäre zu schaffen. Führe ein kurzes tägliches Ritual durch: Bereite dir einen Tee, setz oder leg dich hin und das bewusst. Alles andere kann warten. Atme tief und langsam und entspann deinen Körper. Mit jedem Atemzug sinkst du tiefer und tiefer in einen Zustand völliger Entspannung und Ruhe.

Verlass nun in Gedanken deinen Körper und schwebe hoch zur Decke. Schau von deinem "geistigen Selbst" herab und betrachte deinen Körper. Du befindest dich in einem Zustand tiefer Entspannung. Geh jetzt einfach i Gedanken noch höher – über das Dach hinaus. Nun befindest du dich oberhalb des Gebäudes. Schau dich um und sieh all die anderen Häuser und deine unmittelbare Umgebung. Schau auf den Garten hinunter oder auf die Stadt oder was auch sonst dort befinden mag. All das liegt unter dir und wird stetig kleiner. Steig immer höher auf, sodass du den Wolken allmählich näher kommst. Du schwebst ohne Anstrengung dahin, wirst immer leichter und entfernst dich mehr und mehr von der Erdoberfläche. Sieh, wie hoch du über dem Boden bist. Du genießt diesen mühelosen Aufstieg und fühlst dich glücklich und sorgenfrei. Du steigst höher und höher, bis du schließlich die Wolken erreicht hast. Ein wunderschönes funkelndes Licht und eine ausgesprochen komfortable kleine Wolke erwarten dich. Lass dich einfach auf dieser Wolke nieder. Ein großer, bequemer Wolkensessel steht für dich bereit. Nimm Platz und mach es dir bequem. Dir ist warm, und du fühlst dich sicher. Schau dich um und sieh, wie andere Wolken dich umschweben. Sie verändern ihre Gestalt und verschwinden in der Atmosphäre. Wo auch immer du hinwillst, deine Wolke bringt dich dorthin. Schau von deiner Wolke in die weite Ferne unter dir. Du bist weit weg von allen Sorgen und Nöten des täglichen Lebens und alles andere ist jetzt unwichtig. Atme einfach nur, entspann dich und genieß das Schweben auf deiner Wolke. Nun steigt die Wolke sanft nach oben und bringt dich auf eine höhere Ebene der Atmosphäre.

Achte auf die wunderschöne Sonne über den Wolken. Ihr goldenes Licht strömt auf dich herab. Jeder Strahl, der deinen Körper berührt, vibriert vor lauter Lebensenergie. Dein Körper saugt all das goldene Licht auf und fühlt sich augenblicklich frisch und voller Energie. Mit jedem Atemzug inhalierst du die goldenen Kraftstrahlen und fühlst, wie du stärker uns stärker wirst. Atme das Sonnenlicht so lange ein, bis du das Gefühl hast, dass du die goldene Kraft der Sonne vollständig durchdringt. Wenn du so weit bist, bitte die Wolke dich wieder nach unten subringen.

Deine Woke sinkt nun tiefer und tiefer und bald schon erblickst du unter dir die Stadt, die Gebäude und das Dach des Hauses, in dem du dich in Wirklichkeit befindest. Steig von deiner Wolke und geh hinunter durch das Dach des Hauses, bis du ind er Vorstellung wieder unterhalb der Raumdecke bist. Betrachte deinen Körper, der entspannt ruht und mit goldener Sonnenkraft erfüllt ist. Steig wieder freudig in deinen Körper hinab, atme tief ein in aus und verbinde dich mit deinem "physischen Selbst". Du fühlst dich erfrischt, voller Energie und bist glücklich. Nun bist du bestens auf den Rest des Tages vorbereitet.

AFFIRMATION

"ICH BIN ERFÜHLT VON DER GOLDENEN ENERGIE DER SONNE. IHR MACHTVOLLES, IMMER WÄHRENDES FEUER VIBRIERT IN JEDER ZELLE MEINES KÖRPERS. DIESES FEUER GIBT MIR KRAFT UND SCHÜTZT MEINE GESUNDHEIT."

TAGEBUCH

Notiere dir die Phasen, in denen du am meisten erschöpft bist: Mach eine Tabelle und trag die verschiedenen Zeiten ein, in denen du das Gefühl hast, diese Übung am dringendsten zu benötigen. Halt fest, was dieser Situation vorausging und wie die Übung deinen energetischen Zustand beeinflusst hat. Schreib auf, welche Aktivitäten, Situationen, Umstände oder Menschen an deinem Energiereservoir zerren. Du sammelst dadurch wichtige Informationen, um deine Verhaltensmuster zu ändern und deine "Energielöcher" zu stopfen. Notiere auch, welche Situationen dir Energie geben und deine individuelle Kraft stärken.

5. GESUNDER SCHLAFF

Zu den oft unterschätzten Problemen, die viele Menschen im Lauf ihres Lebens erfahren müssen, gehören schlaflose Nächte und chronischer Schlafmangel. Viele Dinge geschehen, während du im Atemmuster verändertst und du verlierst das Zeitgefühl. Diese spezielle Phase, die der Ruhe und Regeneration dient, kann man nur richtig genießen, wenn Körper, Geist und Seele in Einklang sind. Damit der Körper entspannt und ausgeglichen ist, solltest du die an ein paar grundlegende Regeln halten.

Deine Essengewohnheiten beispielsweise spielen eine große Rolle. Wenn du einen gesunden und erholsamen Schlaf haben willst, solltest du abends nicht zu spät und zu viel essen. Achte vor allem darauf, dass du zeitig zu Abend isst. Wenn du erst spät zum Essen kommst, nimm etwas Leichtes zu dir und verzichte auf Fleisch und scharfe Gewürze.

Die Umgebung, in der du schläfst, ist ebenfalls sehr wichtig. Es kann beispielsweise nich gesund sein, vor dem laufenden Fernsehapparat einzuschlafen, um Stunden später vor störendem Geräuschen aufgeweckt zu werden. Dein Unterbewusstsein empfängt auf diese Weise Botschaften, die nicht gerade zu einer harmonischen Befindlichkeit beitragen.

Dein Schlafraum sollte ein Ort sein, an dem du dich entspannen und ausruhen kannst. Die geeignetsten Farben sind ein mattes Blau oder Violett, helle Pastelltöne oder ein zartes Rosa. Stell dir keinen üppigen Blumenstrauß neben dem Bett, da sein Duft deinen Schlaff beeinträchtigen kann. Lüfte deinen Schlafraum jeden Tag und halte die Temperatur dort niedriger als in den anderen Räumen. Ein zu warmer Schlafplatz ist ungeeignet und kann dazu führen, dass du häufig aufwachst, Durst hast und dich unwohl fühlst. Eine Tasse Kräutertee vor dem Schlafengehen mag hilfreich sein, um dich auf die nächtliche Ruhephase vorzubereiten.

> HÖR AUF DIE SIGNALE DEINES KÖRPERS, WENN DU DAS GEFÜHL HAST, DASS DU ZU BETT GEHEN MÖCHTEST.

Gib dir genug Zeit zur Körperpflege und nimm dir so viel Schlaf, wie du brauchst. Die Menschen sind unterschiedlich, die einen brauchen mehr und die anderen weniger Schlaf, aber die durchschnittliche Zeit für die Nachtruhe liegt bei acht Stunden.

Achte darauf, was du tust, bevor du dich zur Ruhe begibst. Wenn du dir gewalttätige Filme anschaust, werden deine Träume davon sehr wahrscheinlich in Mitleidenschaft gezogen. Beende den Tag in Harmonie mit deinem Partner und deinen Kindern Lass es nicht zu, dass dich ungelöste Konflikte die ganze nacht hindurch begleiten, sondern versuch immer, vor dem Einschlafen zu einem gewissen Einklang mit deinen Mitmenschen und deiner Umgebung zu kommen.

Verwende die Methoden, die in diesem Buch vorgestellt werden, um einen ruhigen und entsahnten Bewusstseinszustand zu erlangen. Erlaube es dir nicht, die Ereignisse des Tages in Gedanken hin und her zu wälzen, denn dann findest du bestimmt keine Ruhe. Wenn du nicht zu denen gehörst, die sofort einschlafen, sobald ihr kopf auf das Kissen fällt, kannst du die nachfolgende Übung dafür benutzen, um tief, fest und erholsam zu schlafen.

INNERE EINSTIMMUNG

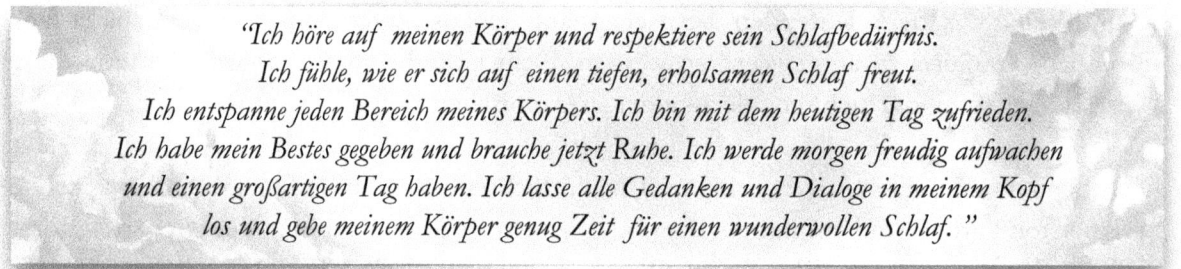

"Ich höre auf meinen Körper und respektiere sein Schlafbedürfnis.
Ich fühle, wie er sich auf einen tiefen, erholsamen Schlaf freut.
Ich entspanne jeden Bereich meines Körpers. Ich bin mit dem heutigen Tag zufrieden.
Ich habe mein Bestes gegeben und brauche jetzt Ruhe. Ich werde morgen freudig aufwachen
und einen großartigen Tag haben. Ich lasse alle Gedanken und Dialoge in meinem Kopf
los und gebe meinem Körper genug Zeit für einen wundervollen Schlaf. "

VISUALISIERUNG

Leg dich ins Bett und mach es dir bequem. Schließe die Augen und tame tief ein und aus. Seufze und gähne, wenn dir danach ist. Leg die Arme über deinen Kopf und streck dich. Entspann dich nun und atme bewusst.

Stell dir vor, du sitzt am Rande eines großen Ozeans. Beobachte das türkisblaue Wasser und den hellblauen Himmel. Es ist ein vollkommener und erhabener Anblick. Achte auf den Klang deines Atmens, Schau in die Weite des Ozeans und sieh, wie jedes Mal, wenn du ausatmest, eine kleine Welle auf dich zugerollt kommt. Bein Einatmen zieht sich die Welle wieder zurück aufs Meer. Beobachte dieses Spiel und lausche seinem Klang. Du bist eins mit dem Ozean: Dein Atem und seine Wellen sind in vollkommenem Einklang.

Die Wellen des Ozeans haben es nicht eilig. Sie tanzen ihren perfekten rhythmischen Tanz. Es hört sich an wie ein beruhigendes und entspannendes Schlaflied. Mit jedem Atemzug und jeder Welle entspannst du dich tiefer und tiefer. Dein Körper sinkt immer mehr in einen Zustand vorkommender Entspannung. Der Klang der Wellen wird schwächer, und du schläfst nun am Rande des Ozeans. der beruhigende Klang, wer Wellen und dein langsames und tiefes Atmen haben dich in einen tiefen, glücklichen Schlaf fallen lassen.

Wenn deine Gedanken nicht zur Ruhe kommen, sondern dein Geist immer noch die Ereignisse des Tages, seine Sorgen und Probleme wiederkäuen und analysieren will, fokussiere deine Aufmerksamkeit auf deinen Atem und visualisiere die machtvollen Wellen des Ozeans. Dein Atem und die Wellen sind eins. Die Kraft, den Ozean zu bewegen, ruht in deinem Atem.

AFFIRMATION

"MEIN SCHLAF IST ZUTIEFST ERHOLSAM UND HEILEND.
ICH WERDE MORGEN FRÜH GESUND UND GLÜCKLICH AUFWACHEN."

TAGEBUCH

Schreib deine Schlafgewohnheiten auf. Wie viele Stunden Schlaf brauchst du und wie lange schläfst du tatsächlich? Fühlst du dich am Morgen ausgeschlafen oder würdest du am liebsten tagelang schlafen? Vielleicht brauchst du ein paar Tage, an denen du dir ganz nichts vornimmst; ein Wochenende zum Beispiel, an dem du einfach fehlenden Schlaf "nachholst", um frisch in die neue Woche gehen zu können.

Neigst du dazu, die Signale deines Körpers zu missachtend dich stattdessen bis zum Anschlag anzutreiben? Geh einfach mal am Abend beim ersten Anzeichen von Müdigkeit ist Bett. Beobachte dann, welche Auswirkungen dies auf deinen energetischen Zustand am nächsten Tag hat. Wachst du früher auf, als du eigentlich müsstest? Fühlst du dich ausgeruhter? Wie wirkt sich genügend Schlaf auf deine Stimmung und Energie a nächsten Tag aus?

Wenn du diese Übung praktizierst, solltest du Geduld haben, da du ein neues Verhaltensmuster für dich erzeugst. Genauso wie du dich in der Vergangenheit auf weniger Schlaf programmiert hast, gewöhnst du dich nun wieder daran, dich zu entspannen und genügend auszuruhen. Wenn du die Qualität deines Schlafs verbesserst, wirst du wahrscheinlich weniger Schlaf benötigen als du denkst.

TEIL III.

FRIEDE

Friede in deinem Geist

~ MEIN GEIST KANN ALLE GRENZEN VON ZEIT UND RAUM
ÜBERSCHREITEN ~

6. MACH DIR KEINE SORGEN

Wenn du aufhören willst, dir ständig Sorgen zu machen, musst du dein Denken verändern, weil Sorgen hauptsächlich in unseren Köpfen entstehen. Sorgen und Probleme in Bezug auf Vergangenheit, Gegenwart oder Zukunft entstehen vor allem in einem unruhigen und ruhelosen Geist. Was du gelernt hast, deine Gedanken zu beherrschen, wirst du in der Lage sein, jeden Bereich deines Lebens selbst zu bestimmen. Niemand außer dir entscheidet, was du möchtest, wie und warum du denkst.

> DEINE BEDÜRFNISSE UND WÜNSCHE ENTSTEHEN ZUERST IN DEINEM BEWUSSTSEIN, UND DAHER IST DAS DER ORT, VON DEM AUS DEINE TRÄUME WAHR WERDEN KÖNNEN.

Wie solltest du sonst das erreichen können, was du dir wünschst, wenn du es dir vorher nicht geistig vorstellen könntest? Es ist wie bei einem Sportler, der einen neuen Weltrekord aufstellen will. We sieht in Gedanken vorher, dass im Wettkampf alles wie am Schnürchen läuft und er sein Ziel erreicht. Zuerst entsteht das geistige Bild.

Wenn du deine Gedanken im Griff hast, kannst du dein Leben leicht in die Richtung lenken, die du möchtest, um deine Ziele zu verwirklichen. Wir haben oft das Gefühl, dem Geschehen hilflos ausgeliefert zu sein, wenn Nervosität, Stress und Angst unsere Gedanken wie aus dem Hinterhalt angreifen. Wir werden hektisch und verlieren unsere Konzentrationsfähigkeit. In diesem körperlichen Zustand können wir die Glücksmomente in Leben nich mehr genießen, sondern verlieren uns in ständigen Sorgen und Problemen.

Dein Geist ist für Stimulation von außen sehr empfänglich. Alles kann dein Denken beeinflussen: die Umgebung, die Geräusche, die Gerüchte, die Farben, die Berührungen sowie alle lebenden Geschöpfe und alle anderen Menschen. Jede Sinneswahrnehmung sendet ein Signal an das Gehirn, das diese Botschaften für dich entschlüsselt. Dennoch kannst du dich auch an einem abgeschiedenen, ruhigen Ort befinden, und dein Geist ist immer noch am "Rattern".

Eine der wichtigsten Grundlagen für inneren Frieden ist die Fähigkeit, über das Sorgen und Problembewusstsein hinauszugehen und den gegenwärtigen Moment genießen zu lernen. Normalerweise haben Sorgen nichts mit der Gegenwart zu tun. Sorgen drehen sich meistens um etwas, was in der Vergangenheit passiert ist oder erst in Zukunft geschieht. Wir haben leider die Tendenz, die wichtigste Zeit im Leben völlig außer Acht zu lassen - das

Jetzt. Du kannst das, was geschehen ist, nicht verändern. Vergangenes immer wieder im Geiste durchzuspielen, führt nicht gerade zu innerer Harmonie. Auf der anderen Seite trägt Zukunftsangst auch nicht dazu bei, dass es später besser wird. Kraft kannst du nur daraus ziehen, dass du aus geschehenen Fehlern lernst und die Vergangenheit loslässt, indem du mit positiven Affirmationen eine positive Zukunft visualisiert.

> AM GÜNSTIGSTEN BEEINFLUSSEN WIR DIE ZUKUNFT DADURCH,
> DASS WIR DIE GEGENWART GENIESSEN.

Wenn du dein Denken so beherrschen kannst, dass die Gedanken vollkommen zur Ruhe kommen, werden dich keine äußeren Umstände mehr ablenken, und du wirst dann diese Ruhe auch auf andere ausstrahlen. Deine Mitmenschen werden sich fragen, was dein Geheimnis ist und ob Aufenthalt in deiner ruhigen und entspannten Gegenwart einen positiven Einfluss auf sie hat.

INNERE EINSTIMMUNG

"Ich bin verantwortlich für meine Gedanken. Ich entschiede, was ich mir vorstelle und denke. Wenn negative, problembeladene Gedanken sich breit machen wollen, Laste ich sie einfach los und gebe ihnen nicht meine wertvolle Zeit oder Energie".

VISUALISIERUNG

Setz dich ruhig hin und schließe die Augen Konzentriere dich auf das Atem. Atme ruhig und tief ein und aus. Mit jedem Atemzug kommst du in einen Zustand tiefer Entspannung. Richte nun deine Aufmerksamkeit auf das Dritte Auge- das Fenster zur Unendlichkeit. Schieb alle trüben, unklaren Gedanken beiseite und erzeuge ein kristallklares Bild eines einsamen, wunderschön gelegenen, smaragdgrünen Sees. Er ist still und klar und auf der Oberfläche kräuseln sich kleine Wellen. Sie sind kaum mehr als ein Hauch und bewegen sich in perfekter Harmonie und Ordnung.

Jetzt erscheint jemand und tritt and Ufer. Er weft einen Stein in den See und plötzlich veränderte sich das Wellenmuster. Das harmonische Wellenbild verschwindet und um die Stelle, wo der Stein ins Wasser gefallen ist, formen sich als Reaktion des Sees auf Eindringling große kreisförmige Wellen. Atme tief ein und aus. Glätte nun die Wellen mit dGlätte nun die Wellen mit der Kraft deines Geistes. Jetzt ist die Störung auf der Oberfläche des Sees verschwunden. Kleine friedliche Wellen tanzen wieder in der leichten Brise.

Eine weitere Person erscheint am Ufer. Auch sie wirft einen Stein ins Wasser. Konzentriere deine Vorstellungskraft und beobachte, wie sich Oberfläche schneller als beim ersten Mal glättet. Nach einem kurzen Augenblick ist der See wieder in seiner friedlichen Harmonie. Benutze deine geistige Kraft und lass die Oberfläche sich schnell beruhigen.

Hohe, herzliche Kiefern umsäumen den See. Plötzlich bläst der Wind mit großer Kraft und die Bäume vermögen, ihrem Druck kaum noch standzuhalten. Konzentriere dich auf das Geschehen und visualisiere, dass die Bäume dem anwachsenden Sturm wiederstehen und fest verwurzelt stehen bleiben. Der Sturm hat nicht die Macht, sie umzuwerfen. Lass den Sturm in deiner Vorstellung langsam wieder abklingen und stell dir vor, du wachst am Morgen auf. Achte auf die ersten sorgenvollen Gedanken, die in deinem Geist erscheinen. Atme tief und ruhig und konzentriere dich. Beruhige die Gedanken mit der Kraft des Geistes und sieh, wie du unberührt von ihnen bleibst und in dir ruhst. Ate und benutze erneut deine Vorstellungskraft. Erzeuge ein Bild des Friedens und der Gelassenheit und visualisiere, dass du das bist.

Diese Visualisierung hilft dir, deinen Geist zu beruhigen und zu lenken. Atme tief aus, lass alle Anspannung im Geist los und ersetze sie durch Frieden und Harmonie.

AFFIRMATION

"MEIN GEIST IST MACHTVOLL UND ÜBERNIMMT DIE VERANTWORTUNG FÜR MEINE DENKEN. ICH KANN JEDE WELLE RUHELOSER GEDANKEN GLÄTTEN UND ALLE ANSPANNUNGEN UND SORGEN LOSLASSEN. ICH KANN INNEREN FRIEDEN UND HARMONIE HERSTELLEN UND AUFRECHTERHALTEN."

TAGEBUCH

Liste Gedanken auf, die dich unruhig machen. Führe diese Visualisierung immer wieder durch und arbeite bewusst daran, Zweifel und Ängste zu überwinden, die mit bestimmten Lebensumständen verbunden sind.

Jedes Mal, wenn du deinen Geist bewusst benutzt, wirst du an seine ungeheure Kraft erinnert. Die Beherrschung des Geistes ist eine wichtige Grundlage, wenn du Angst und Sorgen aus deinem Leben verbannen willst. Achte auf das, was dir Angst macht und beseitige, so gut du kannst, die Ursachen deiner Angst.

Schreib Situationen auf, die dir inneren Frieden bringen. Verändere dein Leben so, dass du regelmäßig in einer friedvollen Umgebung und in friedlichen Situationen bist und mit Menschen zu tun hast, die Frieden in dein Leben bringen.

7. WIE DU MIT LEBENSENERGIE ARBEITEN KANNST

Wir alle sehnen uns danach, Frieden und Harmonie auch in einem anfordernden Arbeitsumfeld zu spüren. Es ist eine Tatsache, dass du mit der Kraft deines Geistes positiv auf deine Arbeitskollegen einwirken und ihre Einstellungen transformieren kannst.

Oft wird mir eine Frage etwa in folgendem Wortlaut gestellt: "Ich schaffe mir an meinem Arbeitsplatz eine friedliche Atmosphäre, aber mein Kollege oder mein Chef ist schwierig und negativ. Wie verhalte ich mich gegenüber einer negativ eingestellten Person in meinem unmittelbaren Arbeitsbereich?"

Auf diese Frage gibt es viele Antworten. In erster Linie solltest du versuchen, dich nicht von ihrer Stimmung beeinflussen zu lassen.

> WENN DU DICH ÜBER DAS VERHALTEN EINER PERSON AUFREGST UND ZEIT UND ENERGIE DARAUF VERWENDEST, BESTIMMTE SITUATIONEN IMMER WIEDER "DURCHZUKAUEN", GIBST DU IHNEN DAMIT DEINE EIGENE ENERGIE.

Viele Menschen versuchen, wenn auch unbewusst oder ohne böse Absicht, Lebensenergie von dir zu saugen, wodurch deine Energie immer mehr verpufft. Es ist wichtig, dass du dir über diesen Sachverhalt im Klaren bist und Vorsichtmaßnahmen ergreifst.

Am besten löste du das Problem ohne Konflikte auch wenn eine direkte Aussprache oft unvermeidlich ist. Ein ruhiges Gespräch mit sanfter Stimme und freundlichen Worten schafft in der Regel eine friedliche Atmosphäre, in der sich dein Gegenüber weniger angegriffen fühlt. Dies ist die entscheidende Grundlage für eine wirkliche Verständigung, denn wenn du jemanden verbal attackierst, begegnet er im Gegenzug auch dir aggressiv. Bist du jedoch offen und freundlich, wird man die gegenüber eben eher offen und freundlich sein. Wenn du wütend bist, ist es natürlich leichter, denjenigen anzuschreien, über die du dich aufregst, anstatt ruhig und angemessen freundlich zu bleiben. Erinnere dich stets daran, dass wir alle nur Menschen sind, also Fehler machen, und Mitgefühl eine wichtige Eigenschaft ist.

Es gibt mehrere Möglichkeiten, die schwierige Beziehung zu einem anderen Menschen in Ordnung zu bringen. Wenn du der Person nicht einfach aus dem Weg gehen kannst, solltest du sie entschlossen und im Vertrauen auf ein positives Ergebnis ansprechen. Mach die vorher klar, was du im Gespräch erreichen willst. Wenn du gegenseitiges Verständnis möchtest, aber auch deine Unzufriedenheit ausdrücken willst, überleg dir deine Vorgehensweise gut. Vielleicht erinnerst du zuerst an die positiven Aspekte euer Beziehung (selbst wenn du lange ich ihnen suchen musst), damit dir dein Gegenüber auch zuhört, anstatt sich sofort zu verteidigen. Teile ihm dann, wenn er aufnahmebereit ist, den Grund für dein Unwohlsein und deine konstruktive Kritik mit.

Falls ein persönliches Gespräch nich möglich ist, kannst du auch versuchen, die Situation auf energetischer Ebene zu lösen. Ich habe diese Methode schon oft angewendet, wenn alles andere russischlos schien und war immer aufs Neue überrascht, wie unerwartet sich Konflikte dadurch bereinigen lassen. Experimentiere mit der nachfolgenden Übung und mach deine eigenen Erfahrungen. Hüte dich jedoch vor Erwartungen- lass dich stattdessen lieben von den Ergebnissen überrachen.

INNERE EINSTIMMUNG

"Ich sehe mich einer schwierigen und herausfordernden Situation gegenüber.
Ich werde nun bewusst Heilenergie in diese Beziehung senden, sodass sich die Probleme auflösen.
Ich kann jetzt produktiv arbeiten und werde für meine Arbeit geschätzt".

VISUALISIERUNG

Such dir einen ruhigen und ungestörten Platz, setz oder leg dich hin und schließe die Augen. Atme tief und langsam ein und aus.

Stell dir vor, du bist umhüllt von strahlendem weißem Licht. Visualisiere, wie das heilende Licht deine ganze Umgebung durchdringt. Konzentriere dich und dehne das heilende Licht aus. Atme in die strahlende Helle und fühl die Kraft, die sie dir gibt.

Visualisiere nun die Person, mit der du im Reinen sen möchtest. Stell dir vor, sie steht jetzt vor dir. Schau sie an und achte auf die Emotionen, die in ihren Augen deutlich werden. Erlaube dir nur positiv über diese Person zu denken. Öffne dein Herz für Mitgefühl. Stell dir vor, dass sie andere nur deshalb verletzt, weil sie tief im Innern leidet. Sie braucht Liebe und sehnt sich nach Liebe, auch wenn sie vielleicht niemals Liebe und Mitgefühl erfahren hat. Du schickst ihr liebe auf einer unbewussten energetischen Ebene. Es könnte dieser Person Angst machen, körperlich anwesend zu sein, während du sie mit Liebesenergie überschüttest. Sie fürchtet vielleicht, dass die Mauer einreißt und ihre Verletzlichkeit, ihr Schmerz und ihr Leid zum Vorschein kommen. Sie versucht, tapfer zu sein und eine harte Schale zu präsentieren. Sie verhält sich so, weil sie dieses Verhalten von anderen Menschen übernommen hat. Es würde ihr von Kindheit angebracht und daher hat sie es für sich selbst übernommen.

Nun sendest du dieser Person liebevolle Gedanken Du stellst dir vor, ie sie dich anlächelt. Angst, Wut und Negativität sind verschwunden. Lass ihre Augen vor Liebe strahlen. Konzentriere dich und schick ihr eine große Liebeswelle aus deinem Herzen. Umgib sie mit heilendem Licht. Das Licht leuchtet und dehnt sich aus. Schick liebe in ihr ganzes Wesen und in ihr Herzzentrum.

Nun hat das weiße Licht der Person so weit ausgedehnt, dass es mit deinem weißen Lichtfeld verbunden ist. Ihr seid nun beide mit einem kraftvollen und leuchtenden weißen Licht umgeben. Zwischen euch existiert nur noch dieses Licht und reine Liebe.

AFFIRMATION

"ICH TRAGE MIT LIEBE UND MITGEFÜHL DAZU BEI, DASS DIE BEZIEHUNG ZWISCHEN (NAME) UND MIR GEHEILT WIRD. ICH SENDE REINE, LICHTVOLLE LIEBESENERGIE IN SEIN / IHR HERZ UND UMGEBE IHN/SIE MIT HEILENDEM WEISSEM LICHT."

TAGEBUCH

Halte die Situation und die Namen der Menschen fest, die in deinem Arbeitsplatz Unruhe und Stress auslösen. Praktiziere die beschriebene Übung dreimal am Tag; am Morgen, ehe su auf deine Lockeren triffst und bestimmte Situationen bevorstehen, während der Arbeit und am Abend. Am Anfang genügen jeweils wenige Minuten.

Die Veränderung kann plötzlich eintreten oder eine Weile dauern. Sobald du jedoch damit anfängst, den Energiefluss zwischen euch auf liebevolle Weise anzuregen, wird mit großer Wahrscheinlichkeit eine Verbesserung euer Beziehung eintreten.

Beobachte, was in der Folgezeit geschieht, und halte alle Veränderungen fest, die dir auffallen. Schiebe es nich auf irgendwelche Zufälle, den Zufälle gibt es nicht. Deine energietische Schwingung kann eine heilsame Wirkung auf die Situation oder Person haben, auf die du sie richtest. Wenn du die Übung kontinuierlich praktizierst, wirst du selbst diese Erfahrung machen.

8. LASS ANGST UND WUT LOS

Wir kennen wohl alle die kleinen zweifelnden Stimmen, die in unserem inneren nagen. Negative Befürchtungen haben immer einen Einfluss auf das zukünftige Ergebnis. Wie oft hast du etwas aus dieser Haltung heraus gar nicht erst in Angriff genommen? Sätze wie: *"Ich bin mir sicher, dass ich keine Anerkennung erhalte", "Niemand wird sich in mich verlieben", "Alle sind stets gegen mich", "Ich habe immer Pech", "Ich bin nicht gut genug für…"* toben in deinem Kopf wie wilde zitiere. Diese Gedanken übernehmen die Macht, wenn du Angst hast oder wütend bist. Sie erzeugen eine energetische Blockade, die verhindert, dass sich positive Dinge manifestieren können. Es handelt sich um negative Affirmationen, von denen wir uns achtlos kontrollieren lassen. Warum tun wir das? Vielleicht haben wir diese, Glaubenssätze vor langer Zeit gehört, und sie sind mittlerweile so tief in unserem Unterbewusstsein verankert, dass wir uns an sie gewöhnt haben und sie gar nicht mehr als solche wahrnehmen. Wir erlauben ihnen einfach, unsere geistige Vorstellung zu bestimmen.

Diese passive innere Einstellung kannst du nur dann überwinden, wenn du realisierst, worauf du deine Aufmerksamkeit richtest. Bist du dir überhaupt deiner Gedanken bewusst? halte für einen Moment inne und beobachte deine Gedanken.

Gibst du innerlich auf, bevor du dir eine wirkliche Chance einräumst Kommst du mit Entschuldigungen und rechnest du von vornherein mit einem Fehlschlag, anstatt auf Erfolg zu setzen? Erwartest du Schin vorher, dass du versagst, enttäuscht bist und nicht das errichtet, was du möchtest? Überlegst du dir bereits im Vorfeld Erklärungen für die Familie und fürFreunde, warum du es nicht geschafft hast? Und all das, ehe du dir eine ehrliche Chance gegeben hast, es auszuprobieren. lautet dein innerer Dialog etwa so: "Wenn ich es nicht schaffe, werde ich nach Hause gehen und in meinem Kopfkissen weinerlich werde mich vor die Glotze hängen und danach die Bettdecke über den Kopf ziehen"? Oder gibst du dir selbst eine Erfolgschance mit Gedanken wie: "Ich werde mein Bestes geben und die Sache erfolgreich zu Ende bringen"? Zwischen beiden Sichtweisen besteht ein riesiger Unterschied.

> **DIE KRAFT DEINER GEISTIGEN VORSTELLUNG KANN GAR NICHT GENUG BEWERTET WERDEN. DENN SIE BESTIMMT DEIN LEBEN IN JEDER HINSICHT.**

Die eigene Gedankenmuster zu entdecken ist ein faszinierender Prozess. Sobald dir klar wird, wie stark die Lebe von deinen Vorurteilen und deinem Selbstbild abhängt, wird es dir die Sprache verschlagen. Sicher hast du schon einmal eine erfolgreiche Person sagen hören: "Ich wusste immer tief in meinem Innern, dass ich Erfolg haben würde." Die innere Zuversicht, dass die ihre Ziele erreichen werden, hat alle erfolgreichen Menschen gemeinsam. Es ist nicht nur Selbstvertrauen, sondern die gesamte Art und Weise ihres Denkens. Sie sind einfach sicher, dass das, was sie sich vornehmen, auch eintritt. Sie zweifeln nicht an ihrem Durchbruch, sondern stellen sich ihm blindlicht vor. Sie visualisieren erfolgreich Situationen bis ins letzte Detail und schmecken sogar ihren Erfolg. Sie wissen, dass er direkt greifbar ist. Sie sehen das Glückliche Familienleben, das sie sich schaffen. Sie berühren im Geist die Wände des Hauses, das ihnen einmal gehören soll. Sie benutzen ihre geistige Kraft zu ihrem Vorteil, um ihre Traum Wirklichkeit zu lassen.

In uns allen schlummert dieselbe Fähigkeit. Um sie zu wecken, müssen wir jedoch unseren Geist von destruktiven Stimmen säubern, die sich dort breit machen und an unseren Kräften nagen. Wie erlangt du wieder die Kontrolle über deine Gedanken? Der erste Schritt besteht darin, gezielt zu beobachten, worauf du deine Aufmerksamkeit richtest. Achte also bewusst auf die eigenen Gedanken. Gehen dir überhaupt positive Aussagen über dich selbst durch den Kopf? Hörst du dort etwas über deine Träume und Wünsche? Wenn nicht, musst du dir von nun an positive Ziele setzen. Anstatt destruktiven Gedanken Aufmerksamkeit zu schenken und dich darüber aufzuregen, dass du ständig negative Affirmationen mit positivem Inhalt.

INNERE EINSTIMMUNG

"Ich lasse bewusst alte und unnötige Informationen los. Ich säubere meinen Geist von negativen Emotionen wie Angst und Wut, die ich auf einer unbewussten Ebene mit mir herumtrage, und schaffe einen neuen Raum für Selbstvertrauen und Frieden. Ich stärke mich mit liebevollen und friedfertigen Gedanken, die mein Denkmuster positiv beeinflussen und mir helfen, meine Träume zu verwirklichen."

VISUALISIERUNG

Such dir einen ruhigen, umgestörten Platz. Entspanne dich, schließe die Augen und atme tief ein und aus. Hebe deinen Blick mit geschlossenen Augen gleich an, so als ob du in die Ferne schauen wolltest.

Hör auf deinen Atem. Konzentriere dich auf dein Drittes Auge. Atme tief ein und aus. Wenn ein negativer Gedanke in deine Wahrnehmung tritt, sag einfach und entschlossen:

"Geh weg!" Halt ihn nicht länger fest und lass dich nicht von ihm entmutigen. Missachte ihn einfach und gib ihm so wenig Bedeutung wie möglich. Du bist geistig stark genug, um dich bewusst entscheiden zu können, was du denkst und visualisieren willst.

Visualisiere das Wort WUT, als stünde es in riesengroßen Buchstaben auf deiner inneren Leinwand. Betrachte jeden einzelnen Buchstaben. Stell dir nun vor, du entflammst ein Feuerzeug und verbrennst das Wort. Es ist auf der Stelle verschwunden.

Visualisiere das Wort ANGST, als stünde es in riesengroßen Buchstaben. Stell dir nun vor, du zündest ein Feuerzeug an und verpennst das Wort. Es ist auf der Stelle fort.

Visualisiere das Wort LIEBE und betrachte die einzelnen Buchstaben. Sie bestehen aus wunderschönen Rosenblüten. Sprich das Wort in Gedanken oder auch laut ein paar Minuten lang aus. Atme dabei tief ein und aus. Sieh, wie die Blüten auf deinen Kopf und Körper herabregnen.

Visualisiere das Wort FRIEDE. Seine Buchstaben bestehen aus herrlichen weißen Blüten. Betrachte jeden einzelnen Buchstaben. Sprich auch dieses Wort in Gedanken oder laut ein paar Minuten lang aus. Hör und betrachte nur dieses eine Wort. Lass es tief in dein Unterbewusstsein sinken. Atme tief ein und aus und stell dir vor, wie die Blüten auf dein Gesicht herabschweben.
Du kannst jeden beliebigen positiven Satz auf deine innere Leinwand projizieren. Wenn du diese Visualisierung jeden Tag durchführst, erlangst du schließlich positive Kontrolle über deinen Geist.

AFFIRMATION

"ICH BIN DER MEISTER MEINER GEDANKEN.
ICH ALLEIN ENTSCHEIDE, WAS ICH DENKE UND VISUALISIERE
UND ZU MEINER WIRKLICHKEIT WERDEN LASSE.
ICH HABE DIE KONTROLLE ÜBER MEINEN GEIST."

TAGEBUCH

Um die volle Kontrolle über deinen Geeist zu erlangen, bedarf es einiger Übung. Schreib alle Gefühle von Angst und Wut auf, die in dir stecken. Halt fest, mit welchen Personen oder Situationen sie verbunden sind. Benutze diese Übung, um sie aus deinem Denken zu verbannen. Lass sie einfach ziehen.

fertige eine Liste von Menschen, Gefühlen und Dingen an, die du dir in deinem Leben wünschst. Visualisiere sie mit der in dieser Übung vorgestellten Methode und beobachte, wie sie Einzug in dein Leben halten. Notiere dabei, was du mit welchem Ergebnis visualisiert hast.

Bleib auf das Positive ausgerichtet und schaff in deinem inneren Raum für Frieden. deine zukünftigen Möglichkeiten sind endlos.

9. POSITIVE AFFIRMATIONEN

Dein Geist ist ein äußerst mächtiges Werkzeug. Willst du deinen inneren Frieden bewahren, solltest du Acht geben, dass dein Geist seine Kraft behält. Du hast das Sagen und entscheidest, womit sich dein Geist beschäftigt. Genauso wie du dafür verantwortlich bist, dass dein Körper gut genährt ist, bist du auch für dein geistiges Wohlbefinden verantwortlich. Du erlaubst es, auf welche Weise dein Geist von Worten, Bildern und Musik beeinflusst wird. Er ist schnell, kann von einem Thema zum anderen springen und erinnert sich an das kleinste Detail. Darüber hinaus hat er die Angewohnheit, das Geschehen wie ein Videorekorder immer und immer wieder vorzuspielen.

Dein Geist speichert auch eine Menge alter und überflüssiger Informationen. Jedes Wort und jedes Ereignis ist irgendwo tief in deinem Gedächtnis gespeichert.

> DIE POSITIVEN UND ERMUTIGENDEN AFFIRMATIONEN, DIE DU IN DEINER KINDHEIT GEHÖRT HAST, HELFEN DIR HEUTE DABEI, DEINEN TRÄUMEN UND VORSÄTZEN ZU FOLGEN.

Immer wenn jemand an dich geglaubt hat und es dir auch gesagt hat, hast du die Energie dieser Mitteilung in deinem positiven Gedächtnis abgespeichert. Wenn du es möchtest, kannst du diese Erfahrungen jederzeit aus deinem Gedächtnis abrufen. Aber es gibt auch negative Aussagen voller Selbstzweifel, von denen du dich bislang nicht getrennt hast. Du brauchst sie eigentlich nicht, hältst aber immer noch an ihnen fest. Die veralteten Daten sind in deinem geistigen Archiv abgespeichert. Oftmals kannst du sogar Szene für Szene in der Erinnerung nachspielen. Wenn dich die gegenwärtigen Probleme langweilen, taucht dein Geist in diesen Speicher hinab und holt lächerliche und ausgestaubte Geschichten zum Vorschein. Was dein geistiges Archiv dir einspielt, verhindert eine aktuelle, vorurteilsfreie Wahrnehmung. Und die negativen Archive sind immer zu hungrig auf neue Datenmengen.

Du musst dir also bewusst Platz für neue positive Informationen schaffen. Die Geist wird davon nicht sehr angetan sein, denn er speilt am liebsten immer wieder die gleiche Platte. Es ist sehr wichtig, dass dein Geist flexibel ist und stets für neue Möglichkeiten offen bleibt.

Die Macht positiver Affirmation transzendiert all deine negativen "Energieknoten". Hast du jemals einen Leichtathleten beobachtet, der sich auf einen Sprung konzentriert? In seinem Geist ist kein Platz für Selbstzweifel, bevor er sich daranmacht, den Weltrekord zu brechen.

Nicht das geringste bisschen! Er stellt sich vor, wie er auf sein Ziel ausgerichtet ist und die positive Affirmation ist ausschlaggebend für seinen Erfolg. Das Gleiche gilt für Ärzte, Künstler, Köche und so weiter. Jeder braucht ein positives Bild im Geist, um seine jeweilige Aufgabe erfolgreich zu vollenden. Ei Florist wird ein Blumengebinde wohl kaum mit negativen Erwartungen stecken. Er weiß, dass sein Strauß genauso wunderschön werden wird, wie er ihn sich vorstellt. Ein Arzt muss positiv an eine Operation herangehen und von dem überzeugt sein, was er tut. Ein Lehrer stehlt selbstbewusst vor seiner Klasse, wenn er als Wissensquelle für seine Schüler dienen will.

Jeder braucht diese positive Stimme in seinem Inneren, die dabei hilft, das Angestrebte erfolgreich umzusetzen. Wenn du zulässt, dass sich ein negativer, ängstlicher Gedanke in deinem Denken ausbreitet, ziehst du genau das an, was dir am meisten Angst macht. Erzeuge stattdessen positive und selbstbestärkende Gedanken und lass dich durch nichts beirren. Alles ist möglich und kann erreicht werden. Glaub es mir!

INNERE EINSTIMMUNG

"Ich bin mir über die Macht meiner Gedanken im Klaren. Ich konzentriere mich bewusst darauf,
alle negativen Stimmen zu überhören, die in meinen Geist eindringen wollen.
Stattdessen erinnere ich mich an meine positive Kraft. Ich stelle mir vor,
dass mein Leben erfüllt ist von Frieden, Glück, Liebe, Gesundheit und Erfolg – jetzt und für immer."

VISUALISIERUNG

Entspann dich und konzentriere dich auf deinen Atem. Hör deinem Geist zu. Lausche den einzelnen Wörter, die dir in den Kopf kommen. Achte auf die Bilder, die vor deinem inneren Auge entstehen.

Beruhige deinen Geist und hör nur noch auf deine Atem. Visualisiere deinen Kopf. Stell dir seine Form von allen Seiten vor. Dies ist deine Kommandozentrale. Hier sind alte Erinnerungen und neue Ideen zu Hause. Es ist ein großes, geschäftiges Gebäude mit vielen Räumen. Beobachte, was in ihnen geschieht. Es gibt jeweils einen Raum für deine Kindheit, deine schönen Erinnerungen, deine Liebesbeziehungen, deine Erwartungen, deine Träume, deine ehrgeizigen Projekte, aber auch für deine Enttäuschungen, deine Tränen, deine Ängste und deine Süchte und noch für vieles andere.

Du suchst nach einem ganz bestimmten Raum, dem Raum der positiven Gedanken. Sie haben dir geholfen, die glücklichsten Momente deines Lebens zu erfahren. Halt so lange nach ihm Ausschau, bis du ihn gefunden hast.

Es ist ein großer Rum. Über der Tür hängt ein großes Schild mit den Worten:Ja, du kannst...” Du betrittst diesen Raum. In seiner Mitte stehen ei paar auffallend schöne Schränke. Du öffnest einen von ihnen und siehst, dass er mit vielen Büchern gefüllt ist, die alle positiven Gedanken enthalten, die du jemals gedacht hast. In ihnen stehen alle Worte, die du in deinem Leben von Menschen gehört hast, die dich lieben und dich glauben und dich darin bestärken, deine Träume zu verwirklichen. Die Bücher enthalten auch deine Erinnerungen an die Situationen, in denen du ein Ziel erreicht und einen Traum verwirklicht hast. Wenn die angenehmen Dinge widerfahren, denkst du in positiver Weise. Macht dir jemand ein Kompliment, gibt er dir damit positive Energie. All diese liebevollen Augenblicke befinden sich in diesem Raum, und du kannst sie auf den Einbänden der Bücher lesen:
"Du bist stark", *"Du bist glücklich"*, *"Du erhältst Anerkennung"*, *"Du schaffst es"*, *"Du verliebst dich"*, *"Du ist schön"*, *"Du bust klug"*, *"Ja, du kannst"*, *"Großartige Dinge kommen auf dich zu"*, *"Du bist behütet und geliebt"*, *"Das Glück ist an deiner Seite"*, *"Du bist gesund"*, *"Jeder träum kann wahr werden"*, *"Du kannst viel leisten"*, *"Du bist diszipliniert"*, *"Du bist ein herzlicher, offener Typ"*, *"Du hast eine gute Intuition"*, *"Ja, du kannst!"*, *"Du wirst geliebt..."*, *"Du Wirts geliebt..."*. *"Du Wirts gelebt…"*.
Auch wenn du dich nicht bewusst daran erinnern kannst, diese Sätze in deinem Leben gehört zu haben, sei gewiss, dass es sie gibt. Du bist glücklich, schön und einzigartig in deiner Art und wirst sehr geliebt.

Dir gefällt dieser räum. In ihm ist der Schlüssel, der dir dabei hilft, deine Träume zu leben. Es gibt hier keine negativen Botschaften, stattdessen ist der riesige Raum randvoll mit Liebe – für dich, deine Familie, deine Freunde sowie für alle Geschöpfe des Universums. Schau dir jedes Wort in den Büchern mit den glücklichen und positiven Gedanken an und lass sie in dich einsinken. Nun kannst du den Raum verlassen. Du siehst wieder das Gebäude, in dem du gewesen bist. Visualisiere nun, wie du dich immer weiter entfernst. Entspann dich und kehre in deinen Körper zurück. Du hast alle glücklichen und liebevollen Gedanken von diesem speziellen Ort in deinem Geist mitgebracht. Du kannst den Raum, in dem deine Träume wahr werden, jederzeit wieder aufsuchen.

AFFIRMATION

"MEIN GEIST IST KRAFTVOLL UND STARK. ICH DENKE POSITIVE, LIEBEVOLLE GEDANKEN UND ERLAUBE IHNEN, SICH IN MEINEM BEWUSSTSEIN NIEDERZULASSEN."

TAGEBUCH

Schreib alle positiven Affirmationen auf, die du bislang benutzt hast, um deine Träume zu verwirklichen. Kurze oder längere – es ist egal. Es kommt darauf an, dass du merkst, was für eine kraftvolle Wirkung sie auf ich gehabt haben. Notiere all das, was du erreichen willst. Schreibe untermittelbar danach eine positive Affirmation auf.

Praktiziere mit den Affirmationen sprich sie laut aus und schick die Schwingungsenergie ihrer Botschaft hinaus ins Universum. Visualisiere, dass du das erreichst, was du dir vorstellst. Halt alles schriftlich fest, was in deinem Geist auftaucht, um dir behilflich zu sein, deine Träume Wirklichkeit werden zu lassen. Das Universum stellt sich auf unsere Energien ein und bewegt sich entlang unserer Frequenzen. Dein Geist ist besonders empfänglich für positive Affirmationen zu folgenden Zeiten: sofort Nash dem Aufwachen, in der Meditation, währen du körperlich arbeitest, vor und nach einem Mittagsschläfchen sowie kurz vor dem Einschlafen.

Praktiziere diese angenehme und leicht auszuführende Visualisierung speziell zu diesen Zeiten. Deine ganze Einstellung gegenüber dem Leben wird sich ändern, und dein Selbstvertrauen wird gewaltige Sprünge machen.

10. DEIN ZUHAUSE IST DEIN TEMPEL INNEREN FRIEDENS

In diesem Kapitel findest du Hilfe, um deine häusliche Umgebung so einzurichten, dass positive Energien fließen können und du dich wohl fühlst. manche Menschen meinen, die Prägung durch die unmittelbare Umgebung sei stärker als der Wille. Wenn man eine bestimmte Person in eine nicht harmonische Umgebung steckt, ist die Wahrscheinlichkeit groß, dass es negative Auswirkung hat. Wenn man umgekehrt eine negative eingestellte Person in eine harmonische Umgebung bringt, wird sie darauf in irgendeiner Weise antworten und im Laufe der Zeit positiver und ruhiger werden.

Viele Umstände, in denen du täglich ausgesetzt bist, können nicht verändert werden. Du durchläufst sie nur und fühlst, wie sie dich entweder erschöpfen oder stimulieren. Dein Zuhause ist jedoch etwas ganz Besonderes. Der große Vorteil ist hier, dass du Veränderungen vornehmen und sie äußeren Umstände deinen eigenen Bedürfnissen anpassen kannst, damit sie einen positiven Einfluss auf dein Leben ausüben können.

Dein Zuhause ist dein Tempel. Es ist der Ort, an dem du zur Ruhe kommst und deine Gedanken sammelst. Hier schläfst du und träumst deine Träume und wachst am nächsten Morgen auf, um neue Erfahrungen zu machen und neue Möglichkeiten auszuprobieren. Zuhause wirst du genährt. Hier kannst du deine soziale Fassade fallen lassen, diene Sorgen vergessen und ein paar Tränen vergießen. Dein Zuhause ist ein Spiegelbild deines geistigen Zustands. Wenn alles ordentlich und verwahrlost ist, bist auch du sehr wahrscheinlich geistig nicht besonders klar und ordentlich.

HÄUSLICHE ORDNUNG HILFT DIR DABEI, DEINE KONZENTRATIONSFÄHIGKEIT UND GEISTIGE KLARHEIT ZU STÄRKEN.

Es gibt allerdings auch Menschen, die verfallen ins andere Extrem. Alles ist zwanghaft sauber ohne das geringste Staubkörnchen. Wer sich so zu Hause einrichtet, ist mit Sicherheit ein Perfektionist, immer nur kritisch gegenüber sich selbst und anderen und niemals wirklich mit etwas zufrieden. Eine solche Person hat meistens auch einen zwanghaften und ruhelosen Geist. Der Schlüssel zum Wachstum ist Mäßigung und eine ausgeglichene Balance in allen Aspekten des Lebens. Deine Umgebung hat eine große Auswirkung auf deinen gefühlsmäßigen und geistigen Grundzustand. Wenn du also deine häusliche Umgebung bewusst zu einem heiteren, liebenswürdigen und friedvollen Ort machst, kann sie dir die Nahrung geben, die du brauchst. Jeder Mensch benötigt eine gewisse Zeit für sich, um seine Gedanken zu ordnen, den Körper auszuruhen und auf seine innere Stimme zu hören. Egal, wie groß dein Zuhause ist, in ihm kannst du die nachfolgenden Bereiche einrichte, die dir dabei helfen werden, zu innerem Frieden zu gelangen.

INNERE EINSTIMMUNG

"Ich liebe mein Zuhause. Ich bin mir bewusst, wie wichtig es ist, in meiner häuslichen Umgebung Harmonie, Glück und Frieden zu schaffen. Ich werde von nun an mit großen Vergnügen meinen persönlichen Tempel erkunden und respektieren. In ihm werde ich mich neu entdecken. Hier lerne ich, zu wachsen und einen friedvollen Geeist zu entwickeln."

DAS SCHLAFZIMMER

Das Schlafzimmer ist dein sakraler Raum für Liebe, Inspiration, Ruhe und Erholung. Die Wandfarbe sollte deine Seele beruhigen und dir helfen, dich zu entspannen. Benutze deinen Schlafbereich nicht gleichzeitig für Computerarbeit, Essen oder Unterhaltung. Streit und hitzige Diskussionen gehören hier nicht hin. Das Schlafzimmer ist ein Ort des Friedens und du solltest es als solch einen heiligen Ort behandeln. Achte darauf, wenn du in diesen Bereich eindringen kannst, dass jeder Mensch hinterlässt einen energetischen Abdruck.

AFFIRMATION

"DIES IST MEIN ORT DER LIEBE UND DES FRIEDENS."

DIE KÜCHE

Die Küche ist der Versammlungsort. Hier wirst du, zusammen mit deiner Familie und deinen Freunden, auf allen Ebenen genährt. Ist dir auch aufgefallen, dass man mit seinem Besuch über kurz oder lang in der Küche landet? Es scheint der Ort zu sein, an dem alles geschieht und geschehen kann. Hier kocht man nicht nur das Essen. Benutze lebendige, leuchtende Farben und stell eine große Schale mit Obst und Früchten auf die Anrichte. unabhängig von der Größe deines Zuhauses ist die Küche das Versorgungszentrum deines Families.

AFFIRMATION

"DIES IST MEIN ORT DER NAHRUNG AUF ALLEN GEBIETEN."

DAS BÜRO

Gleich, wie du ihn bezeichnest, solltest du einen gekennzeichneten Bereich haben, in dem du deine Büroarbeit erledigen und deine persönliche Kreativität entfalten kannst. Deine Gedanken haben eine große Wirkung. Wenn du sie schriftlich festhältst, bekommen sie eine zusätzliche Bedeutung, denn sie scheinen nun in Wirklichkeit zu existieren. Wenn du jemandemIch liebe dich" schreibst, hat das eine andere Realitätsgrad als wenn du die Worte nur denkst oder für dich aussprichst. Dein Bürobereich ist also ein Ort, an dem du deine Gedanken zu Papier bringst und dadurch eine andere Wirklichkeitsebene schaffst. Die besten Farben für diesen Bereich sind ein sattes Orange, Rot oder Gelb.

AFFIRMATION

"DIES IST MEIN ORT INNERER ARBEIT UND KREATIVITÄT."

DAS WOHNZIMMER

In diesem Bereich erleben dich die Gäste in deinem Element. Sie verbinden sich hier mit deiner geistigen Einstellung. Das Zuhause ist mit keinem anderen Ort vergleichbar, und wenn deine engsten Freunde kommen, um mit dir die gemütliche Atmosphäre zu teilen, die du geschaffen hast, dann erleben sie einen sehr speziellen Teil von dir. Hier sollten ich nur weiße oder dunkle Färben vorherrschen. Schaff einen harmonischen Mix mit ein paar angenehmen Farbtupfern. Blumen beleben diesen Bereich genauso wie gute Musik.

AFFIRMATION

"DIES IST MEIN ORT FÜR ENTSPANNUNG UND KOMMUNIKATION."

DAS BADEZIMMER

Das Badezimmer ist deine persönliche Heilquelle. bevor du in den Tag aufbrichst, solltest du dich erfrischen und mit deiner äußeren Erscheinung zufrieden sein. Mach es dir zur Gewohnheit, dich zu verwöhnt und genießt die Zeit, in der du allein bist, indem du ein Schaumbad oder eine lange, entspannende Dusche nimmst. Halte diesen Bereich übersichtlich, damit du dich schnell fertig machen kannst und die Sachen, die du brauchst, mit einem Handgriff findest. Schau, was dein Körper braucht, um sich rundum wohl zu fühlen, und leiste dir diese Dinge. Außerdem solltest du hier die Möglichkeit haben, dich ganz im Spiegel zu betrachten.

AFFIRMATION

"DIES IST MEIN ORT DER SCHÖNHEIT UND KÖRPERPFLEGE."

DER MEDITATIONS UND ENTSPANNUNGSBEREICH

Nicht jeder kann sich den Luxus leisten und einen ganzen Raum dem Frieden und der Meditation widmen. Es ist aber auch gar nicht nötig, denn du kannst einfach einen bestimmten Winkel deines Zuhauses als sakralen Bereich einrichten. Bau eines kleinen Altars mit Objekten, die für dich eine besondere Bedeutung haben. Du brauchst einen bequemen Stuhl oder einen Sitzkissen für Kontemplation und Meditation sowie für die Praxis der Visualisierung. Bitte deine Familienmitglieder, deinen heiligen Bereich zu respektieren. Eine bestimmte Ecke in deinem Schlafzimmer oder Büro mag dafür geeignet sein. Du kannst dich immer in diesen Bereich zurückziehen, wenn du für dich sein willst, auf die stimme deiner Seele zu hören.

Vertraue darauf, dass die Schwingung in diesem Bereich im Laufe der Zeit ansteigen wird und du dort immer tieferen Frieden und größere Ruhe erfahren wirst. Schaff die ein Ritual, indem du zum Beispiel eine Kerze anzündest, eine Tasse Tee trinkst oder sanfter Musik lauschst. Dies ist dein Tempel und deine persönliche Ruhezone.

AFFIRMATION

"DIES IST MEIN HEILIGER ORT DES LICHTS."

TAGEBUCH

Die neue Ausrichtung deines Heims geschieht nicht von heute auf morgen, aber mit der Zeit und mit genügend Sorgfalt verwandelt sich dein Zuhause in einen entspannenden und friedvollen Ort. Notiere alle Bereiche, die sich für dich unharmonisch anfühlen, und stell die Möbel um, falls es erforderlich sein sollte. Trenn dich gegebenenfalls von einzelnen Stücken und schaff dir neue Einrichtungsgegenstände an. Beobachte, wie sich Veränderungen in deinem direkten Umfeld auf dein Grundgefühl inneren Friedens auswirken.

TEIL IV.

FRIEDE

Friede in deiner Seele

~ MEINE SEELE IST EWIG, UNZERSTÖRBAR UND GÖTTLICH ~

11. DEINE BEZIEHUNG ZU DIR SELBST

Wenn du das Leben entdecken und verstehen willst, musst du bei dir selbst anfange, denn du bist das größte Rätsel. Warum können wir anderen mit den großartigsten Ratschlägen helfen und uns selbst gegenüber einfallslos und desinteressiert sein?

Hast du jemals offen hingeschaut, was mit dir los ist? Oder hattest du vermeintlich nie Zeit oder Gelegenheit dafür? Hattest du jemals eine Beziehung mit jemandem, der sich nicht für dich interessiert und nie für deine Gedanken, Probleme und Sorgen Zeit gehabt hat? Der niemals wissen wollte, wie es dir geht und was dich bewegt? Der im Gespräch immer nur höflich war, aber im Grunde genommen gar nicht hören wollte, was du sagen hattest? Wie würdest du dich in einer Beziehung fühlen? Du wärst nicht gerade glücklich, stimmt's? Seht wahrscheinlich würdest du dich einsam und im Stich gelassen fühlen und nicht glauben, dass man dich liebt und sich um dich kümmert.

Viele Menschen haben die Tendenz, sich auf diese Weise zu verhalten. Fragt sich nur, wem gegenüber. Nun, die Antwort ist traurig, aber wahr:

> DIE BEZIEHUNG ZU DEINEM INNEREN SELBST SPIEGELT ALLE IHRE BEZIEHUNGEN WIDER. WENN SIE SICH SELBST NICHT HÖREN KÖNNEN, WIRD ES AUCH NIEMAND ANDERES TUN.

Wann hast du dich das letzte Mal hingesetzt und gefragt, ob du glücklich bist und wie du wirklich glücklich sein könntest? Wann hast du dir das letzte Mal deine Träume, Wünsche und Erwartungen angeschaut? Du kannst den besten Partner haben, den besten Job, die besten Berufsaussichten, die beste Familie und so weiter – aber wenn du keine Beziehung zu deinem eigenen spirituellen Selbst hast, wirst du mit deinem Leben nicht wirklich glücklich und zufrieden sein.

Es bedarf einer klaren Absicht und einiger Anstrengung, wenn du dir wirklich Zeit für dich nehmen und dir selbst zuhören willst. Vielleicht möchtest du noch eine Weile verstreichen lassen, bevor du über dich selbst und deine Gefühle sprichst. Du bist noch nicht bereit, dir die tiefe Wahrheit anzuschauen und verschließt dich deinem Gesprächspartner, der du selbst bist. Wenn du dich so mit Arbeit zuschüttest, dass du kaum noch atmen kannst, ist dies oftmals ein Anzeichen dafür, dass du dich nicht mit deiner Seele befassen willst. Du kannst einfach noch nicht der Wahrheit ins Gesicht schauen und willst nichts mit ihr zu tun haben, und so machst du dich lieber vom morgens bis abends kaputt. Du schiebst es auf die viele Arbeit, dass du abends einfach nur ins Bett fällst, ohne dein Verhalten reflektieren und auf deine innere Stimme gehört zu haben. Der Tag ist gelaufen und damit auch die Möglichkeit, ein ehrliches Gespräch mit dir selbst zu führen.

Eines Tages jedoch wird das Unausweichliche geschehen und wirkst krank oder verletzt dich – und hoffentlich ist es nur die Grippe oder ein Verstaucher Knöchel. Irgendetwas wirkt auf dich ein, im Sinneswahrnehmung zu aktivieren. Ein scheinbar äußerer Vorgang stoppt dich, damit du endlich innehältst und auf deine innere Stimme hörst. Du wirst ein paar Tage lang im Bett liegen müssen und irgendwann auch keine Lust mehr aufs Fernsehen haben. Erst dann hörst du möglicherweise wirklich in dich hinein.

Es ist nicht immer leicht, der innersten Wahrheit zu schauen. Du befindest dich vielleicht in einer Situation, aus der du keinen Ausweg siehst und glaubst, dass dadurch alles nur noch schlimmer wird. Möglicherweise hast du nicht den Mut, denn Träumen zu folgen und machst es dir leicht, indem du einfach deine Realität ausblendest und dir Entschuldigungen ausdenkst, um deins selbst verschuldetes Versagen zu rechtfertigen. Aber wie du dich auch verhältst, eines ist gewiss: Im inneren Frieden finden zu können, darfst du keine Angst vor den Leichen im Keller deiner Seele haben. Vielleicht ist ja alles ganz harmlos und du findest nur Staub und Spinnweben. Den Keller zu ignorieren, macht ihn jedoch größer und gibt ihm mehr Bedeutung als wenn du einfach hinuntergehst und hineinschaust.

Jetzt ist die richtige Zeit, sich den Geistern der Vergangenheit zu stellen und der Gegenwart ins Gesicht zu sehen. Wenn du das tust, erkennst du den klaren Weg in die Zukunft. Die Beziehung zu dir selbst ist prägend für alle anderen Beziehungen.

INNERE EINSTIMMUNG

"Es ist Zeit, dass ich anfange, auf mich selbst zu achten. Ich kann einfach nicht durchs Leben rennen, ohne mir einen Moment Zeit zu nehmen, um mich selbst wahrzunehmen. Liebe ich mich selbst genug, um mir diese kostbare Zeit zu schenken? Ja, das tue ich. Ich liebe mich selbst und verdiene es, mich anzustrengen."

VISUALISIERUNG

Such dir einen ruhigen und ungestörten Platz und entspann dich. Atme ein paar Minuten lang tief ein und aus. Spüre, wie dein Körper sich dabei entspannt und in einen Zustand tiefen inneren Friedens versinkt.

Stell dir vor, du bist auf einer wunderschönen einsamen Insel. Es ist spät am Nachmittag, und die Sonne ist angenehm warm. Du siehst nut den endlosen Ozean und den langen Sandstrand. Lass die frische Luft in deine Lungen und lausche den Klängen, die dich umgeben. Du gehst am Strand entlang und mit jedem Schritt entspannst du dich mehr. Atme tief und sauge das sanfte Sonnenlicht und die freundliche Umgebung in dich hinein.
Plötzlich bemerkst du in der Ferne jemanden unter einer Palme sitzen. Du näherst dich dieser Person, kannst ihr Gesicht aber nicht erkennen. Er oder sie trägt einen großen Sonnenhut und schaut in die andere Richtung. Du weißt nicht warum, aber irgendetwas an dieser Person fasziniert dich. Du hast das starke Bedürfnis, alles über sie zu erfahren und so erkundigst du dich, ob du ihr ein paar Fragen stellen darfst. Die Antwort ist ja, aber sie hat nicht viel Zeit. Du möchtest gerne alles über diese Person erfahren, doch unter diesen Umständen stellst du ihr nur die Fragen, die für dich von allergrößter Bedeutung sind.

Du fängst an:
"Wer bist du? Wie heißt du? Was machst du hier? Was that you? Bist du glücklich? Bist du verliebt? Wen liebes du? Was ist am wertvollsten im Leben? Was macht dir Freude? Was ist dein größter Wünsch? Was bedauerst du am meisten? Was ist dein Traum? Was macht dich traurig? Was bereitet dir Freude? Fühlst du dich manchmal einsam? Wovor hast du Angst? Wer liebt dich? Bist du mit deinem Leben zufrieden? Wohin möchtenst du gehen? Hast du einen besten Freund oder eine beste Freundin? Weinst du manchmal?

Du vernimmst eine sanfte Stimme und erhältst zurückhaltende, aber ehrliche Antworten auf all deine Fragen. Und genau in dem Moment, wo du es nicht länger aushältst und unbedingt wissen möchtest, wer diese liebenswürdige und beeindruckende Person ist, dreht sie sich um und schaut dich an. Du selbst bist diese Person! Du hast einfach nur dein Spiegelbild getroffen. Die Antworten, die du vernommen hast, waren deine eigenen. Du hast dich selbst wiederentdeckt und damit die Tür zu deinem inneren Selbst aufgestoßen.

AFFIRMATION

"ICH MÖCHTE MICH SELBST KENNEN LERNEN. ICH MÖCHTE AUF MEINE INNERE STIMME HÖREN UND ALLES ÜBER MEINE TIEFSTEN GEFÜHLE ERFAHREN. ICH MÖCHTE MEIN BESTER FREUND SEIN."

TAGEBUCH

Mit der Hilfe dieser Übung lernst du, ein klares und ehrliches Gespräch mit dir selbst zu führen.

Halte all deine Fragen fest, die du der faszinierenden Person am Strand gestellt hast, und notiere ihre Antworten. Gibt es Ähnlichkeiten und Parallelen zu deinem Leben? Hast du insgeheim das Bedürfnis, so zu leben, wie diese Person es beschreibt? Erkennst du ihren Antworten eigene Verhaltensweisen und Lebensumstände?

Sei aufmerksam und stell dir selbst die gleichen Fragen. Beobachte den Unterschied in den Antworten der imaginären Person am Strand und deiner eigenen. Hat sie tatsächlich deinen Träumen und Wünschen Ausdruck verliehen?

Diese Übung hilft dir sehr, das Gespräch mit deinem inneren Selbst aufzunehmen. Du lernst, dir deiner innersten Träume und Wünsche bewusst zu sein und in realen Alltagssituationen mit ihnen in Verbindung zu stehen. Du kannst den Spalt zwischen Realität und Traum nur überwinden, wenn du beide Seiten bis ins kleinste Detail kennst. Dann erkennst du, dass alles möglich ist.

12. DEINE ELTERN UND DEINE STARTBEDINGUNGEN

Jedes Lebewesen dieser Welt wird permanent von unzähligen Schwingungen und Energiemustern durchdrungen. Klänge, Farben und Düfte sowie Menschen und Ereignisse beeinflussen uns in jedem Augenblick mit ihren unterschiedlichen Frequenzen.

JEDER VON UNS SCHLEPPT SEINE GESAMTE EMOTIONALE VERGANGENHEIT ALS GESPEICHERTE ENERGIEINFORMATION MIT SICH HERUM.

Die Schwingungen, die dich währen bestimmter Erfahrungen in deinem Leben umgeben und durchdrungen haben, befinden sich immer noch in deinen Zellen. Deine Mutter beispielsweise ist durch viele unterschiedliche Emotionen gegangen, während sie dich unter ihrem Herzen trug. Ihre Schwingungen haben in dir eine bestimmte energetische Information hinterlassen. Dein Körper beherbergt die unterschiedlichsten Erinnerungen aus der Vergangenheit. Dein Unterbewusstsein kennt sie und kann sich an sie erinnern.

Wenn du aus erster Quelle erfahren willst, in welchem emotionalen Zustand deine Eltern waren, während sie sich auf deine Geburt vorbereiteten, brauchst du sie einfach nur zu fragen. Wie war die Situation damals wirklich? Selbst unter den besten Umständen fühlt ein junges Paar, das ein Kind erwartet, große Veränderungen auf sich zukommen. Alle möglichen Konstellationen deiner Eltern haben scho im Mutterleib auf dich eingewirkt, zum Beispiel Unstimmigkeiten untereinander, eine übereilte Hochzeit, Zwietracht zwischen Verwandten, ein großer Umzug, Tod in der Familie oder Probleme mit den Geschwistern. Du hast all diese Informationen von deiner Mutter und deinem Vater übernommen und gespeichert. Die Eltern sind während der Schwangerschaft stark emotional miteinander verbunden, selbst wenn der Vater nicht mit der Mutter zusammenlebt. Die Mutter erfährt eine einschneidende Veränderung ihres Körpers und ihres Lebens in Verbindung mit dem abwesenden Vater. Gefühle des Bedauerns, der Furcht oder der Wut quälen vielleicht ihr Herz. Gesundheitliche Befürchtungen aufgrund vorangegangener Fehlgeburten mögen bei einer werdenden Mutter zu bestimmten Befürchtungen und Ängsten führen. Der emotionale Zustand der Mutter hat zweifellos große Auswirkungen auf das ungeborene Baby.

Wenn sich deine Eltern nicht mehr an die Zeit vor und während deiner Geburt erinnern, kannst du auch die metamorphische Methode anwenden. Sie gehört zu den Techniken der Reflextherapie und kann von großem Nutzen bei der Selbsterkundung sein. Es ist faszinierend, den Schleier der Vergangenheit zu lüften. Etwas zu erfahren, kann eine wunderbare Entdeckungsreise sein, auf der du immer besser verstehen lernst, warum du gerade duo denkst, fühlst und handelst, wie du es tust.

Mit deiner Geburt begann deine wirkliche Reise. Indem du Informationen über die aktuellen Begleitumstände deiner Geburt einholst, erfährst du etwas über die Art deiner Seelenenergie bei deiner Ankunft auf der Welt. Oft wird das Neugeborene nach einer schwierigen Geburt oder aus gesundheitlichen Gründen von der Mutter getrennt und von Krankenschwestern oder verwandten versorgt. Vielleicht bist du in den ersten fünf Wochen deines Lebens nicht in den Genuss liebender menschlicher Nähe und Berührung gekommen. Aber was auch immer diese besonderen Umstände gewesen sein mögen, deine Aufgabe besteht darin, dich selbst zu erkennen und zu diesem Zweck soviel wie möglich über deinen Eintritt ins Leben und die Anfangsbedingungen deines irdischen Aufenthalts in Erfahrung zu bringen. Vieles wird dich vielleicht überraschen, und so manche Randbemerkung, die für deine Eltern nicht wichtig ist, offenbart sich plötzlich als Durchbruch zu einem tieferen Verständnis deines selbst. Auf jeden Fall wirst du dich besser verstehen lernen, weil du mehr über deine Vorlieben und Abneigungen sowie über den Grad deines Vertrauens in dich und andere erfährst.

Ein wichtiger Teil der Reise besteht darin, alle negativen Gefühle gegenüber der Vergangenheit und den eigenen Eltern loszulassen. Sie gaben unter den gegebenen Umständen ihr Bestes und es st in deinem ureigensten Interesse, dass du ihnen vergibst und nicht länger an bestimmten Emotionen festhältst. Du bist derjenige, der ungelöste Gefühle mit sich herumschleppt, und daher ist es deine Aufgabe, mit der Vergangenheit Frieden zu schließen. Im Leben zählt nur der gegenwärtige Moment, und wenn du der Vergangenheit erlaubst, sich in die Gegenwart einzumischen, beschneidest du dein Glück, das darin besteht, dass jetzt mit seinen vielen Möglichkeiten zu genießen. Wir sollen aus der Vergangenheit lernen und die Gegenwart würdigen, um eine glückliche und erfüllte Zukunft zu erschaffen.

INNERE EINSTIMMUNG

"Ich werde mich auf eine Entdeckungsreise begeben, um mehr über meinen Herabstieg in diesen Körper in Erfahrung zu bringen. Ich beobachte, höre zu und notiere mir alle Erinnerungen, die in meinem Inneren auftauchen. Ich lasse alle negativen und ungelösten Gefühle los, die ich mir trage. Ich räume meinen Geist auf und mache Platz für erhebende und friedvolle Gedanken."

VISUALISIERUNG

Für diese Übung brauchst du Papier und Bleistift. Such dir einen ruhigen und ungestörten Platz, setz dich hin und entspann dich. Atme bewusst ein und aus.

Stell dir vor, du bist in einem wunderschönen Park. Auf einer Bank in der Nähe sitzen deine jungen Eltern. Sie sind verliebt, halten ihre Hände, lächeln und schauen einander in die Augen. Hör ihnen zu, wie sie lachen und reden. Stell dir vor, was sie sagen, und nimm den Ton ihrer Stimmen wahr. Kannst du spüren, wie sie sich fühlen? Verliebt, voller Lust und ohne Ahnung dessen, was bald geschehen wird. Spul nun geistig vor zu einem späteren Zeitpunkt. Deine Mutter ist schwanger und macht sich gerade klar, dass sie ein Baby bekommt. Betrachte ihr Gesicht und schau ihr in die Augen. Hat sie Angst? Ist sie wütend oder ist sie einfach nur glücklich? Wohin geht sie und wem erzählt sie die Neuigkeit als erstem? Stell dir nur deinen Vater vor, als er erfährt, dass er bald ein Kind haben wird. Beobachte seine Reaktion genau. Fühlt er Bedauernd und Wut oder Freude und Stolz? Vielleicht realisiert er in diesem Moment noch nicht, was das alles für ihn bedeutet. Stell dir vor, du bist ein kleiner Energieball in Schoß deiner Mutter. Wie fühlt sich das an? Freust du dich auf das bevorstehende Lieben oder zögerst du und bist unsicher?

Mach den nächsten Schritt und betrachte deine Geburt. Wo bust du? Welche Personen sind anwesend und wie spät ist es? Ist es gerade nacht oder wirst du an einer strahlenden Sonnentage geboren? Schau dich im Raum um und sieh deine Mutter. Noch einen Augenblick und schon bist Duda. An was unmittelbar nach deiner Geburt kannst du dich erinnern? Bleib ruhig und entspannt und lass entfernte Erinnerungen in deine Wahrnehmung strömen. Es ist der Tag deiner Geburt. Du bist auf der Erde angekommen... Wie nehmen dich die Menschen in Empfang? Wenn du nicht bei deiner Mutter bist, vitalisiere deine Eltern und spüre, wie sie sich damit fühlen, dass du nicht bei ihnen bist. Fühlen sie sich erleichtert oder machen sie sich Sorgen? Welche Antworten auch immer auftauchen Morgen, merke sie dir ohne zu interpretieren und geh weiter.

Stell dir vor, du bist sechs Monate alt. Wer ist bei dir? Geht es dir gut, bist du gesund und zufrieden oder schreist du viel und hast schlaflose Nächte? Machst du es seien Eltern leicht oder bist du fordernd und ermüdend? Diese Einzelheiten sind äußerst wichtig, denn sie helfen dir, deine emotionalen Prägungen zu verstehen und damit deine Selbsterkenntnis zu vertiefen. Stell dich nu nacheinander im Alter von einem Jahr bis sieben Jahren vor. Wenn du dein junges Gesicht siehst, schau dir in die Augen und spüre, wie du dich damals gefühlt hast. Fühltest du dich geliebt, warst du sorglos und voller Unternehmungslust? Oder warst du eher zurückhaltend und vielleicht sogar traurig und unglücklich?

Halte jede Erinnerung, die auftaucht, schriftlich fest und führe die Visualisierung so lange durch, bis du an deinem vierzehnten Lebensjahr ankommst. Ruh dich jetzt aus und entspann dich. Vielleicht liest du nun deine Aufzeichnungen und fügst ihnen noch ein paar weitere Erinnerungen hinzu. Oder du legst jetzt erst mal eine Pause ein und machst an einem anderen Tag weiter. Wenn du dein höheres Selbst und deine Intuition bittest, dir das vergessene geschehen wieder ins Gedächtnis zu rufen, solltest du sehr feinfühlig sein und äußerst sensibel vorgehen. Es gibt nämlich einen deutlichen Unterschied zwischen Einbildung und tatsächlichem Erinnern. Du kannst deinen Geist dahingehend trainieren, dass er in einem Zustand tiefer Entspannung alle Gedanken einstellt, die nicht zum Thema passen. Es kommt nur darauf an, dass du dich wirklich entspannst und deine geistige Aktivität beruhigst. Ist dies geschafft, öffnet sich dein Fenster zur Unendlichkeit und deine Intuition hilft dir, die Teile deines Puzzles zu finden, die so lange verloren waren.

AFFIRMATION

> "MEIN LEBEN IST EIN FASZINIERENDES PUZZLE. ICH FINDE MIT GRÖSSTER SORGFALT ALLE FEHLENDEN TEILE UND SETZE EIN KLARES BILD ZUSAMMEN, IN DEM ICH MICH SELBST ERKENNEN UND VERSTEHEN LERNEN KANN."

TAGEBUCH

Jedes Mal, wenn du die Visualisierung wiederholst, wirst du dich an weitere Einzelheiten erinnern. Später werden dir dann noch mehr Details offenbart, die dir helfen, das gesamte Bild zu sehen. Halt jedes Gefühl und jede auftauchende Emotion fest, ohne sie gleich interpretieren zu wollen. Es ist wichtig, dass deine Konzentration nicht gestört wird, damit die intuitiven Informationen dich auch erreichen können. Unterscheide in deinen Aufzeichnungen zwischen den Informationen, die du während der Visualisierung empfingst, und denen, die du erst später hinzugefügt hast. Auf diese Weise behältst du den besseren Überblick, wenn du die Übung wiederholst und neue, unerwartete Informationen in dein Bewusstsein treten.

13. DEINE LIEBESBEZIEHUNG

Niemand kann willentlich planen, sich zu verlieben. Es geschieht genau dann, wenn man am wenigsten damit rechnet. Alles dreht sich um die Liebe, heißt es so schön.

Wie auch immer man die Sache betrachtet, liebe ist eine außerordentlich wichtige Emotion, die sich auf unser gesamtes Leben auswirkt. Die einen schienen dafür prädestiniert zu sein, Glück in der Liebe zu haben, während es anderen unmöglich erscheint. Fast jeder war in seinem Leben schon mal aus Liebe unglücklich. Geh lieber zu dir selbst ist der Schlüssel dafür, positive Erfahrungen in Sachen Liebe anzuziehen. Der Partner, den wir zu vorbestimmten Zeit treffen, hilft uns auf eine neue Ebene emotionalen Wachstums zu gelangen. Das Leben erteilt uns zu jeder Zeit seine Lektionen.

> AUS DEN ERFAHRUNGEN DES HERZENS ZU LERNEN UND DIE TIEFERE BEDEUTUNG DER EIGENEN SEELENENTWICKLUNG ZU BEGREIFEN, KANN EINE GROSSE BEDEUTUNG FÜR DEIN LEBEN HABEN.

Daher ist es wichtig, dass du dir Zeit nimmst, in der du mit dir selbst in Frieden bist und auf dein Herz hörst.

Bist du von Grund auf glücklich? Wenn nicht, was hindert dich daran, vollkommen glücklich zu sein? Weißt du es oder hast du eine Ahnung? Oft projizierst du einfach deine innere Unzufriedenheit auf deinen Partner, obwohl er oder sie vielleicht gar nichts damit zu tun hat. Deine eigenen ungelösten Probleme versperren wir denn Weg zu wahrhaftem Glück. Dein Partner ist nur zur falschen Zeit am falschen Ort, denn grundsätzlich könntest du jedem "die Schuld" für deine Misere geben. In Wahrheit aber liegt der Grund für deine Unzufriedenheit, deine Unglücklichsein und deine Ruhelosigkeit versteckt in den Tiefen deiner Seele. Weder Selbstmitleid und Klagen noch das ständige Rekapitulieren alter Enttäuschungen bringt dich einen glücklichen Herzen näher. Du brauchst einfach Zeit zur Reflexion und zu einem ehrlichen Gespräch mit dir selbst. Eine Unterredung mit einem Freund oder einer Freundin Kann die direkte Beschäftigung mit der eigenen Person nicht ersetzen, den in Gegenwart von anderen verdrehen wir gerne die Tatsachen und reden "um den heißen Brei herum", weil wir nicht die Verantwortung für Situationen übernehmen wollen, die wir selbst geschaffen haben.

Was sind deine realistischen Erwartungen an deinen Partner oder deine Partnerin? Kleine tägliche Disharmonien bekommen plötzlich eine andere Bedeutung, wenn du dich mit den wirklichen Tatsachen auseinander setzt. Es geht nämlich nur um dich und deine Erwartungen. Dein Partner ist dein Spiegelbild, und du lebst mit ihm zusammen, damit er einen Spiegel vorhalten kann.

Vielleicht beschwerst du dich darüber, dass dein Partner niemals für dich da ist. Bist **du** denn für dich da? Vielleicht hört er dir nie richtig zu. Hörst **du** dir denn wirklich zu? Er ist niemals aufmerksam und zuvorkommend. Bist **du** das gleiche dir gegenüber? Dies sind alles sehr wichtige Fragen. Du magst für einen anderen Menschen Mutter Teresa sein, für dich selbst aber hast du kein freundliches Wort über, und du gönnst dir keine Freude und keine Ruhepause. Wie kommt es, dass du von anderen Menschen erwartest, sie mögen auf magische Weise deine Bedürfnisse erraten? Denn du siehst aus, als würde es dir an nichts fehlen. Unausgesprochene Worte wiegen mir der Zeit immer schwerer und bekommen unnötiges Gewicht, wenn man sie zu lange unterdrückt.

Bedenke, dass in jeder harmonischen Liebesbeziehung Kompromisse eingegangen werden müssen. Ein gemeinsames Leben unterschied sich mit Sicherheit von einem Leben, durch das man allein geht. Du kannst große Ziele erreichen, wenn du eine Zeit lang "solo" bist. Aber wenn du möchtest, dass in deinem Leben und deinem Herzen Liebe ist, musst du ein Opfer bringen. Es gibt da nämlich noch einen anderen Menschen, dessen Gefühle und Bedürfnisse in Betracht gezogen werden müssen. Geh freundlich mit dir und deinem gewählten Partner um, kommuniziere mit dem Herzen und lerne, zu den unterschiedlichen Tempi der Liebe zu tanzen.

INNERE EINSTIMMUNG

*"Ich besuche mein Herz jeden Tag. Ich höre ihm zu und singe ihm etwas vor.
Ich sorge liebevoll für mein Herz und vertraue seiner Stimme."*

VISUALISIERUNG

Such dir einen ruhigen und ungestörten Platz. Atme langsam und tief ein und aus. Visualisiere dein Herzzentrum als wunderschöne rote Rose. Bewundere ihre Blüten und riechen ihren Duft. Wenn deine Rosenblüte noch eine Knospe ist, öffne ihre Blätter und erfreu dich an ihrer Schönheit. Fühle, während du die Rose in deinem Herzbereich betrachtest, wie sich dein Herz weit öffnet. Atme tief und ruhig ein. Lass beim Ausatmen jede Trauer und Verletzung los, an der du festhältst. Wiederhole diesen Vorgang ein paar Minuten lang.

Erinnere dich dann an die Zeit, in der du verliebt gewesen bist. Denk an den Menschen, den du geliebt hast oder liebst. (Du kannst hierbei jede Person auswählen, die du liebst, sei es Vater oder Mutter, dein Kind, einen Freund oder eine Freundin etc.- jemanden, den du gerne mit Liebe überschüttest.) Stell dir nun vor, du befändest dich mit dieser Person in einem sonnendurchfluteten Raum. Sie steht vor dir und lacht dich voller Liebe an. Öffne dein Herz und lass dich voll und ganz auf das warme, überwältigende Gefühl der Liebe ein, das zwischen euren Herzen hin und her fließt. Konzentriere dich auf dieses machtvolle Gefühl in deinem Herzen. Hör auf deinen Atem und fühl die wunderbare Liebesenergie durch die Blutgefäße strömen. Zeit und alles andere existiert nicht, es gibt nur dich und dein Herz, das voller Liebe ist. Dein ganzes Wesen leuchtet wie ein Stern. Konzentriere dich, atme tief und verstärke das Gefühl der Liebe, die überschwängliche Freude deines ganzes Wesens im Zustand höchster Glückseligkeit.

Geh nun über das begeisternde Gefühl hinaus und verbinde es mit der Freude, am Leben zu sein. Jede Zelle deines Körpers schwingt mit dieser Liebesenergie. Richte jetzt deine Liebesenergie auf dein Drittes Auge, das Fenster zur Unendlichkeit und zum grenzlosen Bewusstsein. Genieß das ruhige, erhabene Gefühl tiefer Liebe und tiefen inneren Friedens. Auf diese Weise hast du dein Herz und deinen Geist mit deinem höheren selbst verbunden.

Dieses glückselige Gefühl der Liebe gehört zu dir, es steht dir jederzeit und überall zur Verfügung. Du trägst es in deinem Herzen, wo immer du auch bist, und teilst es mit der übrigen Welt. Wenn du auf eine Seele triffst, die deine magnetische Kraft spürt und auf sie antwortet, verstärkt sich die Liebe um ein Mehrfaches Liebe hat, die macht, zu heilen und Wunder zu manifestieren. Verbinde dich mit diesem unzerstörbaren Liebesgefühl, das dir immer zur Verfügung steht, wenn du das nächste Mal in einer schwierigen Situation bist. Aktiviere dann bewusst dieses Gefühl grenzloser Liebe, das deinen ganzen Körper und deinen ganzen Geist durchdringt. Mit dieser in dir selbst ruhenden, kraftvollen Liebesenergie kannst du all deine vergangenen Liebesbeziehungen heilen. Du kannst Elle negative Emotionen loslassen, denn du bist nun in der Lage, die Liebe zur Grundlage deines Lebens zu machen.

AFFIRMATION

"ICH TRAGE IN MEINEM HERZEN UNENDLICHE LIEBESENERGIE, DIE MICH NÄHRT UND MIR KRAFT GIBT. JEDES MAL, WENN ICH DIESE KRAFT BENUTZE, WIRD SIE STÄRKER UND MACHTVOLLER. SIE HEILT ALLES LEID UND BEREITET DEN WEG FÜR NEUE LIEBE."

TAGEBUCH

Bevor du mit dieser Visualisierung beginnst, stell dir ein paar ehrliche Fragen und notiere die Antworten:

Ist dein Herz offen? Hörst du auf dein Herz oder hast du die Tendenz, alles zu rationalisieren und im Kopf zu analysieren? Was wünschst du dir am meisten in deiner Liebesbeziehung? Visualisiere, wie sich dein Wunsch manifestiert und im Alltag immer mehr realisiert wird.

Was sind deine Erwartungen? Was bist du bereit zu opfern? Was unternimmst du, damit dies möglich wird? Wenn du ehrlich auf dein Herz hörst, findest du die tiefere Ursache für dein mögliches Unglücklichsein. Wiederhole die Visualisierung auf ein paar Tage oder Wochen und beantworte dann diese Fragen erneut. Welche Veränderungen haben sich ergeben? Auf welche Weise hat das Praktizieren dieser Übung dein Verhalten in deiner Liebesbeziehung beeinflusst? Bewegst du dich in die Richtung, in die du willst und die du dir vorgestellt hast? Setz deine Reise zu dir selbst fort und denk immer an die Wünsche deines Herzens, damit sie sich auch erfüllen können.

14. DEINE MISSION

Du bist einzigartig. Sosehr du dich auch anstrengst, du kannst niemals jemand anders sein. Und niemand kann genauso sein wie du. Gott sei Dank! Deine Lebensreise folgt einer bestimmten Route, und nur du bist dazu auserkoren, diesen Weg zu nehmen. Die Ereignisse in deinem Leben und die Menschen, auf die du triffst, sind speziell auserwählt, um dich in deinem Wachstum zu fördern. Die Reise deines Lebens ist eigentlich ein Wunder. Du bist mit einer bestimmten Absicht in dieses Leben getreten. Du hast eine Mission- und keine Mission macht man mal schnell so nebenbei. Alles, was du fühlst und denkst und tust, zählt und ist wichtig. Du bist einpasst und damit zur Vollkommenheit des Ganzen beiträgt. Jeder Satz, den du denkst oder sagst, hat Auswirkungen. Kleine, größere, positive, negative... Es ist deine spezielle Frequenz, die jetzt im Universum existiert. Diese Frequenz wird niemals aufhören zu schwingen. Sie transformiert sich, löst sich aber niemals ins Nichts auf. Und selbst das Nichts erfüllt seinen Zweck.

Dein bisheriges Leben gleicht einem minuziös geschriebenen Drehbuch mit vielen überraschenden Wendungen. Wenn du dir den Film deines Lebens anschauen könntest, würde er dir bestimmt gefallen. Du würdest Mitgefühl und Liebe für den Hauptdarsteller empfinden—nämlich für dich! Alles, was du im Leben tust, ist ein Ergebnis deiner Entscheidungen. Es waren immer die besten Entscheidungen, die du zu einem bestimmten Zeitpunkt treffen konntest. Du hast es gut gemacht. Und wenn du glaubst, du hättest es besser machen können, denk noch mal darüber nach. Kann es sein, dass du härter mit dir ins Gericht gehst, als du eigentlich solltest? Was geschehen ist, ist geschehen, und jetzt bist du hier an diesem Punkt in deinem Leben. Es ist deine Reise und nur du kennst den Weg genau, der dich hierher gebracht hat.

> NUR DU SELBST KENNST ALL DIE GEHEIMNISSE UND VERBORGENEN GEDANKEN, DIE ZU DEN ENTSCHEIDUNGEN GEFÜHRT HABEN, DIE DU GETROFFEN HAST. UND DEINE ENTSCHEIDUNGEN WAREN GROSSARTIG!

Nur du selbst kennst all die Geheimnisse und verborgenen Gedanken, die zu den Entscheidungen geführt haben, die du getroffen hast. Und deine Entscheidungen waren großartig!

Nun bist du bereit für den nächsten Schritt, denn natürlich geht dein Leben auch in diesem Moment weiter. In jeder Sekunde steckt das Potenzial zur Veränderung deines Daseins, ständig werden dir neue Möglichkeiten öffnest. Deine Reise führt immer wieder in unentdeckte Gebiete und überall ergeben sich einmalige Chancen. Deine Aufgaben verändern sich jedoch im Laufe der Zeit und wachsen mit dir. Es ist nie zu spät, deine wahren Träume zu erkennen und zu verwirklichen.

INNERE EINSTIMMUNG

"Ich bin bereit, mich mit all meinen großen und kleinen Errungenschaften auszusöhnen. Ich sehe mein Leben als Abenteuer und bin gespannt, wohin die weitere Reise geht. Mein einzigartiger Lebensweg hat mich stärker gemacht und einsichtiger werden lassen, mitfühlender und erfahrener. Ich teile meine Erfahrungen mit anderen Menschen, helfe ihnen und gebe ihnen denen Rat. Ich gehe voran und schütze die, die hinter mir sind. Alles, was ich getan habe, hat seine Bedeutung und findet in den göttlichen Augen Beachtung. Ich liebe mein Leben und freue mich auf die Abenteuer, die noch vor mir liegen."

VISUALISIERUNG

Entspann dich und atme tief ein und aus. Schließe die Augen und konzentriere dich ganz auf deinen Atem.

Stell dir vor, du bist auf einer bunten Frühlingsweise. Sie ist von Blumen übersät, die in allen färben leuchten. Mach einen Spaziergang und genieße das berauschende Kolorit in deiner Umgebung. Hör die Vögel zwitschern und beobachte die Schmetterlinge auf den Blüten.

Nun begegnest du einem kleinen Kind. Es pflanzt Blumen in einem kleinen Garten. Es arbeitet geduldig und konzentriert. Die Blumen sind wunderschön. Lob das Kind für das, was es tut. Nun gehst du weiter. Die Wiese füllt sich immer mehr mit blühenden Büschen und Sträuchern.

Du triffst ein junges Mädchen. Sie beschneidet die Sträucher und macht die den Weg frei. Sie gibt ihr Bestes, obwohl ihre kleinen Hände noch nicht so geschickt mit dem Werkzeug umgehen können. Sag ihr, wie gros1artig diniere Arbeit findest. Du gehst weiter und weiter. Jetzt kommst du in einen tiefen Wald, in dem du auf eine junge Frau triffst. Sie schneidet die Äste, die dir den Weg versperren würden. Bedanke dich für ihre Tätigkeit.

Geh noch weiter. Tief im Wald findest du eine schöne, reife Frau, der die Weisheit im zeitlosen Gesicht geschrieben steht. Ihre Augen sind tiefgründig und allwissend. Sie hat in der einen Hand wilde Beeren, die sie nur für dich gepflückt hat, und in der anderen eine Schale mit frischem Quellwasser. Sie bietet dir die Früchte und das Wasser an. Du dankst ihr, isst die Beeren und trinkst das Wasser. Genießen ihren herrlichen Geschmack und ihre Frische. Dein Hunger und deine Durst sind gestillt. Du fühlst dich gestärkt und setzt deinen Weg durch den Wald fort.

Öffne nun die Augen. Du bist zufrieden mit deiner Vergangenheit und voller Vertrauen in deinen zukünftigen Lebensweg. Das Kind, das junge Mädchen und die reife Frau repräsentieren deine Seele auf ihrem Lebensweg. Die Beeren sind die Früchte deiner Arbeit und das Quellwasser repräsentiert die Wünsche, die dir unaufhörlich durch das Adern fließen, Du wanderst durch den Wald des Lebens. Erfreu dich an der Reise und sei dir bewusst, dass du auf dem richtigen Weg bist. Du wirst jetzt und für immer erwartet, behütet, genährt und geliebt.

AFFIRMATION

"ICH BIN HIER, UM MICH DIE HERAUSFORDERUNGEN
MEINES LEBENS ZU STELLEN.
ICH BIN GESEGNET UND VOLLER VERTRAUEN UND FRIEDEN.

TAGEBUCH

Schreib alles auf, was du bislang im Leben erreicht hast.

Wie fühlen sich deine Errungenschaften an?

Machst du sie kleiner als sie sind?

Bist du zu selbstkritisch?

Schätze das, was du erreicht hast. Lies dir diese Aufzeichnungen später noch eimal durch und schau, wie sich deine Gefühle in Bezug auf das, was du bislang erreicht hast, durch die Visualisierung verändert haben.

15. UNBEGRENZTE MÖGLICHKEITEN

Die Begrenzungen, die wir uns setzen, haben einen Grund. Sie stecken ein Gebet ab, in dem wir Kontrolle zu haben meinen. Allein die Vorstellung unbegrenzter Möglichkeiten ist überwältigend, besonders wenn wir nicht sicher sind, was wir wollen. Nur eines ist sicher: Wir alle wollen inneren Frieden.

Jeder möchte eine Zukunft kennen und sie beeinflussen können. Und tatsächlich können wir an unserer Zukunft aktiv mitwirken.

> JEDES WORT, JEDER GEDANKE UND JEDES HANDELN ERZEUGT IN UNSERER UMGEBUNG EIN SCHWINGUNGSMUSTER, AUF WELCHES DAS UNIVERSUM REAGIERT. EINE HANDLUNG BEWIRKT DIE NÄCHSTE, UND EIN EINZIGES WORT KANN ALLES VERÄNDERN.

"Hallo" mag nicht so bedeutsam erscheinen wie "Ich liebe dich", aber hätten wir niemals "Hallo" gesagt, gäbe es schließlich auch kein "Ich liebe dich". Unsere Sinneswahrnehmung und Sensibilität sind das Ergebnis unzähliger miteinander verwobener Handlungsstränge.

Begrenzungen sind dazu, überwunden zu werden. Es ist interessant, sich einmal genauer anzuschauen, wie sie zustande kommen. Vielleicht hat eine tadelnde Bemerkung, die wir als Kinder gehört haben, eine unbewusste Begrenzung bei uns geschaffen. Eine andere wirksame Beschränkung mag dadurch entstanden sein, dass jemand hohe Erwartungen an uns hatte, die wir nicht erfüllen konnten. In den meisten Fällen haben wir anderen einfach erlaubt, unser Leben in der einen oder anderen Weise zu limitieren. Es ist wichtig zu wissen, dass jede erfolgreiche Person viele Anläufe gebraucht hat, bevor sie endlich die Früchte ihrer Bemühungen einfahren konnte. Nur in einem wesentlichen Punkt unterscheiden sich erfolgreiche Personen von anderen Menschen: Es gab und gibt für sie keinen unverrückbaren Begrenzungen. Und wenn es welche gegeben hätte, hätten sie sich mit aller Kraft dagegen zur wehr gesetzt.

Natürlich ist das alles auch eine Sache des Wesens. Manche von uns brauchen vielleicht gerade Begrenzungen, um durch motiviert zu werden. Wenn wir und schnell langweilen und eine Herausforderung suchen, schaffen wir uns eine Situation, die dieser inneren Einstellung entspricht. Alles, was wir uns wünschen und wonach wir streben, erhalten wir auch irgendwann. Achte also darauf, was du denkst, im Positiven wie im Negativen. Mach dir immer wieder bewusst, dass dir ein riesiges Spektrum von Möglichkeiten zur Verfügung steht, aus dem du deine Optionen auswählen kannst. Es gibt vorbestimmte Situationen, die immer wieder in deinem Leben auftreten. Und unabhängig davon, wie begrenzt sie dir zum Zeitpunkt ihres Auftretens auch erscheinen mögen, auf lange Sicht gesehen dienen sie stets deinem inneren Wachstum, weil du dich irgendwann mit ihnen auseinander setzen musst. Das Ganze gleicht einem sorgfältig konzipierten Puzzle.

Betrachte es doch mal auf diese Weise: Wäre alles einfach und offen sichtlich, würde dein Leben nicht das spannende und romantische Abenteuer sein können, das es ist. Deine spirituelle Kraft erwacht und verstärkt sich nur dadurch, dass du allen Höhen und Tiefen des Lebens deinen inneren Frieden findest. Erweitere deinen Horizont und werde dir die endlosen Möglichkeiten bewusst.

INNERE EINSTIMMUNG

"Ich weiß von der unzerstörbaren Kraft und ewigen Zeitlosigkeit meiner Seele. Ich folge meiner inneren Stimme, die mich zu neuen Abenteuern führt."

VISUALISIERUNG

Such dir einen ruhigen und ungestörten Platz. Entspann dich und atme tief ein und aus. Stell dir vor, du schaust dir den Sternhimmel an. Der Mond leuchtet hell, er ist beinah voll. Überall funkeln die Sterne, ihre wunderbaren Muster sind majestätisch und unerreichbar. Konzentriere dich nun auf einen bestimmten Stern. Sieh, wie er funkelt und ein eigenes Leben zu führen scheint. Er ist teil des perfekten nächtlichen Firmaments, aber gleichzeitig auch schön in seiner eigenen Pracht. Plötzlich leuchtet der einzelne Stern stärker und heller als sie anderen. Er scheint dabei mehr und mehr auf dich zu kommen. Nach wenigen Sekunden ist er dir so nah, dass du seine Oberfläche erkennen kannst. Es ist ein überwältigend schöner goldener Planet. Eine unsichtbare Kraft zieht dich nun zu dieser unbekannten Welt hin und es dauert nicht lange, und du schwebst in der Atmosphäre dieses Himmelskörpers.

Jetzt bist du auf seiner Oberfläche gelandet. Sie besteht aus glitzerndem goldenem Sand. Schau dich um. In der Ferne entdeckst du eine goldene Pyramide. So schnell du es dir vorstellen kannst, stehst du auch schon vor ihr. Sie hat einen wunderschönen Eingang. Du betrittst die goldenen Pyramide und befindest dich in einem großen, spärlich ausgeleuchteten Raum. In seiner Mitte stet ein liebevoll versierter goldener Stuhl, auf dem du Platz nimmst.

Du hörst ruhige, heitere Musik im Hintergrund und fremde, aber doch irgendwie vertraute Düfte steigen dir in die Nase. Dein Geist ist ruhig und fühlt sich wohl an diesem Ort. Du merkst, wie der Körper in einen Zustand tiefer Entspannung gleitet.

Plötzlich vernimmst du deine innere Stimme, die dich nach dem größten Wunsch in deinem Leben fragt. Lass dir Zeit und denk nach. In dem Moment, in dem die Antwort in deinem Inneren auftaucht, erscheint direkt vor deinen Augen eine große Leinwand, und du siehst dich in genau der Situation, die du dir gewünscht hast. Alles wirkt so real, als ob du tatsächlich dort wärst und das Geschehen mit Leben füllen würdest. Jeder Wunsch, der dir in den Sinn kommt, wird auf diese Weise zu deiner sofortigen Realität. Nie war dir klarer, wie schnell und machtvoll die Wünsche deiner Seele Wirklichkeit werden.

Du nimmst einen tiefen Atemzug und im Handumdrehen bist du wieder zu Hause auf der Erde. Doch dein heiliger goldener Planet, die Pyramide und der Wunscherfüllungsraum sind immer da, um vor dir besucht zu werden. Im Nu bist du zurück, um an der augenblicklichen Verwirklichung deiner Träume zu arbeiten. Du brauchst nur eine gedankliche Schwingung mit dem perfekt vorgestellten Bild ins Universum senden und die dargestellte Situation fühlen, schmecken, riechen und verkörpern. Unendliche Möglichkeiten stehen dir auf diese Weise offen.

AFFIRMATION

"MEIN GEIST KENNT KEINE BEGRENZUNGEN
UND KANN JEDES HINDERNIS ÜBERWINDEN.
ALLES, WAS SICH MEINE SELLE WÜNSCHT UND WAS IN
ÜBEREINSTIMMUNG MIT DEM GÖTTLICHEN PLAN IST,
KANN SICH AUGENBLICKLICH MATERIALISIEREN
UND WIRKLICHKEIT WERDEN.
IN MEINER STELLE RUHT DIE GÖTTLICHE KRAFT."

TAGEBUCH

Mit der Hilfe dieser Visualisierung erinnerst du dich an die unendlichen Möglichkeiten, die dir jederzeit zur Verfügung stehen. Schreib auf, welche unerfüllten Wünsche du im Herzen trägst. Visualisiere sie und mach sie zum Teil dieser Übung. Geh über alle Begrenzungen hinaus, die du selbst geschaffen hast, und stärke dein Vertrauen.

Wiederhole die Visualisierung und beobachte, welchen Einfluss sie auf die Verwirklichung deiner Träume hat. Sei geduldig, klar und zielstrebig.

TEIL V.
WOHLBEFINDEN

Wohlbefinden für deinen Körper

~ DAS LEBEN IST DAS GRÖSSTE GESCHENK ~

16. SCHÄTZE, WAS DU BIST UND TUST

Deine Essgewohnheiten sind ein Ausdruck deines Körpers, deines Geistes und deiner Seele. Gesunde Ernährung ist der Schlüssel für deine Wohlbefinden und deine Leistungsfähigkeit. Deine Nahrung wirkt sich auf dein ganzes Wesen aus — auf deinen Gesundheitszustand, dein Energieniveau, deine Konzentrationstiefe, deine Fortpflanzungsfähigkeit, deinen Schlaf und so weiter. Gesundheit ist dein größtes Reichtum, denn niemand kann sich Gesundheit kaufen. Gesundheit wird dir geschenkt, und es ist deine Aufgabe, sie zu schätzen, aufrechtzuerhalten und genießen. Dein Körper ist ein fein abgestimmtes Instrument, überaus komplex angelegt und auf perfektes Zusammenspiel ausgerichtet. Je sensibler du für die Energien bist, die dich umgeben, desto mehr kannst du dich von ihnen führen und transformieren lassen. Willst du den Körper in dem gesunden Zustand erhalten, in dem er dir gegeben wurde, ist es unerlässlich, dass du dein Augenmerk auf die Beschaffenheit deiner unmittelbaren Umgebung richtest. Hast du jemals eine Blume betrachtet und bemerkt, wie sensibel sie mit Licht, Nährstoffen und Liebe umgeht? Eine normale Zimmerpflanze reagiert direkt auf deine Schwingungen, deine Aufmerksamkeit und deine Liebe. Wenn du dich richtig um sie kümmerst, wird sie blühen und wachsen.

> JEDES LEBEWESEN SEHNT SICH EBENSO NACH LIEBE
> UND WILL GENÄHRT WERDEN.

Wie oft nimmst du dir die Zeit, auf deinen Körper zu achten und all das zu würdigen, was er dir schenkt? Richtige Ernährung, viel Bewegung und ausreichend Ruhe sind die wichtigsten Dinge, die dein Organismus braucht. Frische, nährstoffhaltige Lebensmittel mit einem großen Anteil an Obst, Gemüse und Wasser halten den Körper fit und frei von Giftstoffen. Wir wissen alle, dass wir fettige und industriell hergestellte Nahrungsmittel sowie Fast Food meiden sollen, denn diese Dinge haben fast keinen Nährwert und keine lebendige Schwingungsenergie, die der Körper dringend braucht.

Es reicht jedoch nicht, sich nur "nach Vorschrift" gesund zu ernähren. Das innere Gespür dafür, was dein Körper braucht, ist genauso wichtig. Wir sind alle verschieden und daher ist es entscheidend, dass wir die Ernährung unseren individuellen Bedürfnissen anpassen. Einige essen zum Beispiel Fleisch und andere nicht. Experimentiere damit, was für dich am besten ist. Wenn alle in deiner Familie konsequente Veganer sind, du jedoch ständig nach Eiern schmachtest, solltest du sie ausprobieren und schauen, wie dein Körper darauf reagiert. Vielleicht braucht er ja spezielle Nahrungsmittel. Du kannst auch lernen, das Bedürfnis eines anderen Menschen nach einem saftigen Steak zu respektieren, wenn es das ist, was er oder sie braucht. Wenn es dich nach einem bestimmten Produkt gelüstet, gib es deinem Körper in der gesündesten Form, die du auftreiben kannst. Lass dich vor allen Dingen jedoch nicht von bestimmten Umgebungen oder sozialen Anlässen dazu verleiten, etwas zu essen, wonach dein Körper nicht verlangt. Achte besonders darauf, nicht zu viel zu essen. Du solltest außerdem nicht zu spät zu Abend essen und dir auf keinen Fall etwas in den Mund stecken, nur um Stress zu bewältigen. Wenn du im späten Abendessen nicht umhinkommst, ists etwas Leichtes und trinke am Morgen darauf viel frisches Wasser. Essen zur Stressbewältigung ist ein Thema für sich. Am besten du hast zu Hause und bei der Arbeit immer genug Obst griffbereit, sodass du wenigstens etwas Gesundes zu dir nimmst, wenn du etwas essen musst. Eine gesunde Diät ist am leichtesten aufrechtzuerhalten, wenn du darauf achtest, welche Lebensmittel du zu Hause hast. Es ist mit Sicherheit viel gesünder, einen ganzen Korb voll Weintrauben und Äpfeln zu essen, als eine Packung Kartoffelchips und eine Tüte Kekse in sich hineinzuschauen. Es bringt nichts, sich gesund ernähren zu vollen, wenn die Lebensmittel, die du zu Hause hast, mit einer gesunden Ernährung nicht zu tun haben.

Der erste Schritt ist also, deine Einkaufsgewohnheiten zu kontrollieren. Sicherlich hast du schon mar die Erfahrung gemacht, dass du ganz bestimmte Sachen einkaufst, wenn du hungrig bist. Du willst dann alles haben, was dir in die Augen sticht, egal ob es gesund ist oder nicht. Wieder zu Hause, stellst du dann fest, dass du die Hälfte der Dinge, die du eingeholt hast, entweder nicht brauchst oder nicht willst. Hier ist also Selbstdisziplin gefragt. Bitte die anderen Menschen in deinem Haus, dein Bedürfnis für gesunde Lebensmittel zu respektieren. Geh ihnen mit gutem Beispiel voran, sodass sie sich deinen gesunden Gewohnheiten anschließen können. Mach dir, bevor du losgehst, eine Liste frischer und gesunder Nahrungsmittel, die du Hollen willst. Ein Einkaufszettel hilft dir, auf das ausgerichtet zu bleiben, was du haben möchtest. Diese Vorgehensweise ist heutzutage eine echte Herausforderung in den großen Supermärkten, in denen die ungesündesten Sachen am attraktivsten eingepackt sind. meistens bekommst du das, was du essen willst, gar nicht mehr zur Gesicht, sondern siehst nur noch de Verpackung. Wenn du manche Nahrungsmittel offen in einem einfachen Karton sehen Könntest, würdest du vermutlich gar nicht erst kaufen. Achte also darauf, dass du das, was du auswählst, vor dem Kauf auch zu Gesicht bekommst, wie zum Beispiel Obst und Gemüse. Dieser Vorsatz hilft dir bei deinem ersten Schritt zu einer gesünderen Ernährung. Mach dir vor allem bewusst, dass alles, was du isst, sich auf dein gesamtes Wesen auswirkt- auf die eigene Gesundheit, dein Energieniveau, deinen emotionalen und spirituellen Zustand.

INNERE EINSTIMMUNG

"Ich achte liebevoll auf meinen Körper und führe ihm frische und gesunde Nahrung zu. Ich würdige dadurch seine außerordentlichen Qualitäten und seine Schönheit."

VISUALISIERUNG

Such dir einen ruhigen und ungestörten Platz und entspann dich. Atme tief ein und aus. Visualisiere einen großen Obstgarten. Überall stehen wunderbare Bäume. Früchte baden in der Sonne. Such dir den Baum aus, nach dessen Früchten dir gerade ist. Im Garten wächst alles, was du dir vorstellen kannst, von exotischen Früchten bis hin zu Äpfeln, Pfirsiche und Orangen sowie Weintrauben aller Art. In einem bestimmten Bereich gibt es nur reife Beeren. Sie sind lecker und köstlich. Auf welche Frucht hast du Appetit? Welches Obst ist für dich am unwiderstehlichsten? Pflück eine Frucht und probiere sie. Lass sie dir genüsslich auf der Zunge zergehen. Achte auf ihre Beschaffenheit, ihren Duft, ihren Geschmack und ihre energetische Schwingung. Spüre bewusst, wie ihre Energie, die dir Mutter Erde anbietet. Entspann dich und gib dich ganz dieser Erfahrung hin.

Wiederhole die Übung, indem du dir verschiedene Gemüsesorten vorstellst. Achte darauf, welches Gemüse dich am meisten anzieht. Denn daran, dir beim nächsten Einkaufen die Frucht und das Gemüse deiner Wahl zu besorgen. Genieß dann die echte Frucht und das wirkliche Gemüse genauso, wie du es im visualisierten Garten auf imaginäre Weise getan hast.

AFFIRMATION

"ICH SPÜRE, WELCHE NAHRUNG MEIN KÖRPER BRAUCHT. ICH HÖRE AUF IHN UND VERSORGE IHN MIT DEN BESTEN NAHRUNGSMITTELN, DIE EIN STARKER UND GESUNDER KÖRPER BRAUCHT."

TAGEBUCH

Mach eine Liste deiner liebsten Nahrungsmittel und was du jeden Tag isst. Beobachte, ohne etwas zu beschönigen, wie viel gesunde Nahrung du deinem Körper täglich zufügst.

Wie hoch ist dein Energieniveau, wie ist dein emotionaler Zustand und dein Grundvertrauen? Und wie zufrieden bist du mit deiner körperlichen Erscheinung?

Würdest du lieber zu-oder abnehmen?

Wann neigst du dazu, etwas zu essen und wie sieht dein täglicher Speiseplan aus?

Schreib gesunde Nahrungsmittel auf, die noch nicht auf deiner täglichen Einkaufsliste stehen. Schau dir deine Nahrungsvorräte an und achte darauf, wie viel davon wirklich gesund ist. Woraus besteht der Rest? Fertige zum Schluss eine Einkaufsliste gesunder Nahrungsmittel an. Überprüfe deine Ernährung nach einer Woche und schau, was sich verbessert hat. Welche ungesunden Essengewohnheiten hast du, die du erst nach und nach überwinden wirst? Schaff dir mit viel Geduld und Disziplin neue, gesunde Essgewohnheiten und beobachte, wie sie deine Stimmungen, dein Energieniveau und dein Selbstvertrauen dadurch verbessern.

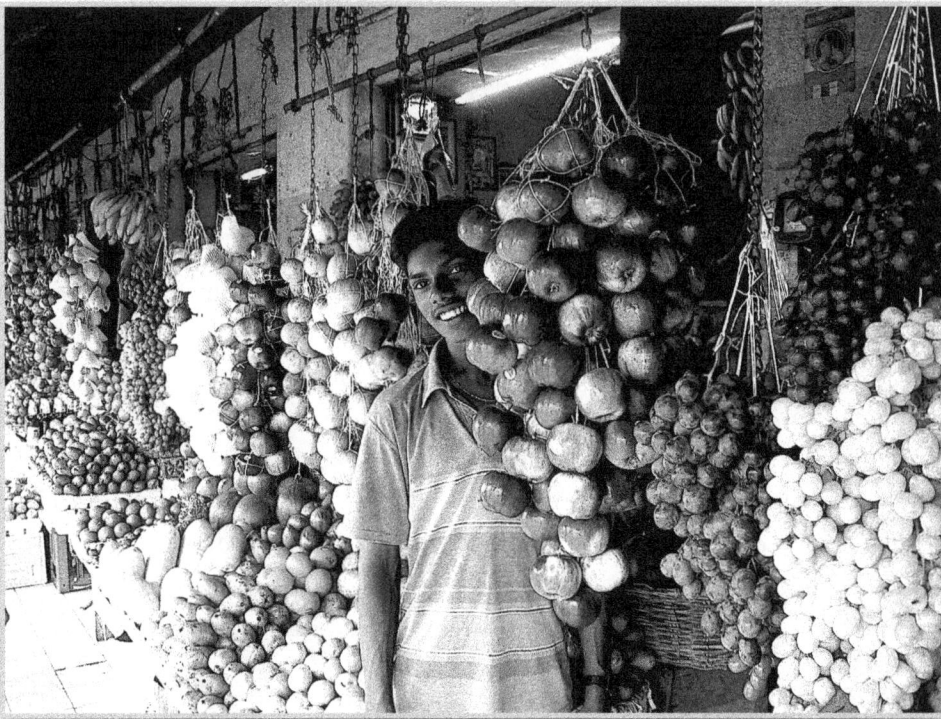

17. ENTSPANN DICH

Bewunderst du nicht auch ins Geheim jene Menschen, die immer ruhig, ausgeglichen und entspannt sind, egal was geschieht? Wie stellen sie das bloßen? Welchem magischen Rezept folgen sie – haben sie womöglich einen Zaubertrank? Kann man einen Schluck abbekommen und von ihnen lernen?

Ja, man kann.

Beobachte deine täglichen Aktivitäten: Welchen Einfluss haben die Menschen auf dich, mit denen du zusammen bist? Wie beeinflussen dich die Umgebungen, in denen du dich aufhältst? Wenn der Arbeitsplatz für dich mit Stress verbunden ist, solltest du dich damit bewusst auseinandersetzen. Sofern eine bestimmte Person dir Schwierigkeiten macht, bereite dich auf den Umgang mit ihr vor. Und wenn etwas geschieht, das dich grundlegend beunruhigt, schenk ihm deine volle Aufmerksamkeit.

Wie bereitet man sich am besten auf schwierige Situationen vor? Zuerst einem solltest du dein Energieniveau erhöhen, bevor du verletzlich wirst un dich Situationen und Menschen aussetzen, die dir Energie abziehen. Deine Kraft und Stärke sollten immer maximal zur Wirkung kommen können. Wie die meisten Menschen warst du sicher schon mal in einer Situation, die sich überfordert hat. Jemand oder etwas hat dir Angst gemacht und dich bedroht. Plötzlich warst du schwach und durcheinander und konntest nicht mehr mit der Situation umgehen. Was war der Hauptgrund für deinen Schwächeanfall? Ganz oft warts du einfach müde und erschöpft. Du hattest schlicht keine Kraft, dich zu behaupten und zu kämpfen. Genügend Ruhephasen sind äußerst wichtig für eine gesunde körperliche Grundverfassung. Manchmal wissen wir nicht, was auf uns zukommt und rechnen nicht mit dem Stress oder sogar der Gefahr, die auf uns warten. Bist du jedoch ausgeruht, kann dich nichts so leicht us der Bahn werfen. Viele fühlen sich morgens voller Energie, die dann im Laufe des Tages immer mehr dahinschwindet und schließlich ganz verschwunden zu sein scheint. Der Tag erst zur Hälfte gelaufen und schon würden wir am liebsten ein Mittagsschläfchen halten. Woe oft hast du das Bedürfnis, dich kurz aufs Ohr zu legen, ohne diesem Bedürfnis nachzugehen und zumindest eine kurze Pause einzulegen?

> DEINE PRODUKTIVITÄT WIRD SICH IN JEDEM FALL ERHÖHEN, WENN DU PAUSE MACHST UND DICH FÜR KURZE ZEIT WIRKLICH AUSRUHST, ANSTATT DIE BESCHEIDENE BITTE DEINES KÖRPERS ZU IGNORIEREN UND MIT HALBER KRAFT WEITERZUARBEITEN.

Wenn du an dem Punkt bist, an dem du ruhe brauchst, solltest du dir die Zeit nehmen und den Raum dafür schaffen, um deinen Körper innerhalb von wenigen Augenblicken wieder aufzutanken. Hierin liegt das Geheimnis. Entspannung und Ruhe sind notwendig, und du brauchst nicht viel Zeit dafür. Zehn bis fünfzehn wirklich erholsame Minuten können dich rundum entspannen und erfrischen. Du brauchst nicht lange zu schlafen, denn Zeit ist in der Regel knapp. Sie ist in unserer Lebensrealität zu einem echten Luxus geworden, und daher ist es nützlich, dass wir uns innerhalb kürzester Zeit auftanken können.

Um dies zu erreichen, solltest du wissen, wann du auf deinen Körper hören musst. Wenn dein Tag endlos zu sein scheint und du keine Sekunde Zeit hast, dich zu entspannen, bevor du abends wieder zu Hause bist, dann machst sofort nach deiner Rückkehr eine Pause. Hinterher hast du wieder genügend Energie, um den Abend zu genießen oder dir noch etwas vorzunehmen.

INNERE EINSTIMMUNG

"Ich möchte mich ausgeruht und voller Energie fühlen. Mein niedriges Energieniveau kann schnell wieder angehoben werden. Ich höre auf das Bedürfnis meines Körpers nach Ruhe und Entspannung."

VISUALISIERUNG

Such dir einen ruhigen Platz, an dem du dich ungestört hinlegen kannst. Entspann dich und lass alle Aktivität von dir abfallen. Konzentriere dich voll und ganz auf deinen Körper. Atme tief ein und aus. Wiederhole diese langen, tiefen Atemzüge einige Male. Nun frag dich: "Brauche ich in diesem Moment eine Pause? Würde ich mich gerne für sehn Minuten hinlegen, die Augen schließen und alles um mich herum vergessen?"

Gib dir eine ehrliche Antwort. Wenn deine innere Stimme ja sagt, solltest du deinem Verlangen auf der Stelle nachgeben. Schließ einfach die Augen und mach für zehn Minuten ein Nickerchen, bevor sich dein Geist einschaltet und du darüber nachzudenken anfängst, ob du jetzt wirklich eine Pause nehmen solltest oder nicht. Du wirst sehen, wie frisch und energetisiert du dich hinterher fühlst. Entscheidend ist, dass du auf deinen Körper hörst und seine rechtmäßige Forderung respektierst. Wenn du dazu neigst, die Stimme deines Körpers zu überhören, wirst du wahrscheinlich irgendwann einmal in einen chronischen Erschöppfungzustaund geraten und viel länger brauchen, um all die verlorene Ruhe nachzuholen. Wenn du Angst hast, zu lange zu schlafen, stell dir einen Wecker. Nach zehn bis fünfzehn Minuten wirst du entspannt aufwachen.

AFFIRMATION

"MEIN KÖRPER BRAUCHT EINE RUHEPAUSE, UM SEINE ZELLEN WIEDER AUFZUFÜLLEN UND SICH ERHOLT UND LEBENDIG ZU FÜHLEN. ICH HÖRE AUF DAS RUHEBEDÜRFNIS MEINES KÖRPERS UND GEBE IHM DIE NOTWENDIGE ERHOLUNGSZEIT."

TAGEBUCH

Nimm deinen normalen energetischen Zustand wahr.

Bist du oft müde und erschöpft und hast das Gefühl, tagelang schlafen zu können?

Achte auf die Tageszeit, an der dich dieses Gefühl überkommt.

Hat es etwas mit einer bestimmten Situation zu tun, die dich oder auch andere Personen unmittelbar erschöpft?

Brauchst du viel Kaffee, um morgens überhaupt in Gang zu kommen?

Was tust du, wenn du müde bist? Isst du etwas Süßes und fängst an, dich zu beklagen?

Hörst du auf deinen Körper, wenn er eine Ruhepause braucht, oder ackerst du so lange, bis du abends todmüde ins Bett fällst?

Kannst du es dir gestatten, dich regelmäßig auszuruhen, wenn du eine Pause brauchst?

Spürst du mehr Energie, nachdem du diese Übung gemacht hast?

Hast du hinterher noch einen produktiven Tag oder Abend gehabt?

Hat doch irgendjemand der Faulheit bezichtigt?

Achte sorgfältig auf alles, was deinen Umgang mit dir selbst beeinflusst.

18. KÖRPERLICHE BEWEGUNG

Viel Bewegung ist die beste "Wartung" für den Körper. Es gehört daher zu deiner Entdeckungsreise., dass du herausfindest, welche Form der Bewegung dir entspricht und gefällt. Welche physische Aktivität magst du besonders? Die einen brauchen starke körperliche Betätigung während andere leichte Dehnungsübungen und lange Spaziergänge vorziehen. Wenn du Schwierigkeiten hast, dich zu körperlicher Bewegung aufzuraffen, kannst du an entsprechenden Kursen teilnehmen oder ins Fitnessstudio gehen, um gemeinsam mit anderen kontinuierlich "Körperarbeit" zu praktizieren. Die neue Umgebung und die anderen Teilnehmer werden dich bestimmt inspirieren. Sollte es dir dennoch schwer fallen, dir ausreichend körperliche Bewegung zu verschaffen, fang mit einer kleinen Übung an und belohne dich zum Schluss mit einer bescheidenen Freude. Das soll natürlich nichtheißen, dass du dich hinterher mit Schokolade voll stopfst. Gönn dir lieber einen Moment vollkommener Ruhe, eine halbe Stunde Lesezeit mit einem Buch oder Magazin oder einen Moment in der Natur, ohne jeglichen Druck.

Du kannst auch damit anfangen, ein Tagebuch deiner Entdeckungsreise zu schreiben. Schreib jeden Tag, wenn du mit deiner Arbeit fertig bist, ein paar Sätze, so als ob du deinem besten Freund oder deiner besten Freundin schreiben würdest. Bring alles zu Papier, was dir in den Kopf kommt- deine Fragen, Befürchtungen, Wünsche und Gefühle: Halt sie schriftlich fest und schau sie dir an. Vielleicht wollen diese Gedanken nur ausgedrückt sein und verlieren ihre Wichtigkeit, sobald du sie aufgeschrieben hast. Du bist sie dann los und musst dir nicht mehr mit ihnen beschäftigen. Nach den Körperübungen wirst du dich zweifellos besser fühlen, ruhiger und konzentrierter. Daher ist jetzt die beste Zeit zur Selbstreflexion.

Während der körperlichen Betätigung muss sich ein Teil deines Geistes auf die physische Aktivität konzentrieren, sodass er für einen Moment frei von "Überladung" ist. Jetzt kannst du einen ausgeglichenen und gleichzeitig belebenden Geisteszustand genießen. Wenn du nicht gerne in der Gruppe betätigst, sondern lieber zu Hause nach deinem eigenen Tempo trainieren möchtest, kannst du dir zur Anleitung ein Video oder ein Buch kaufen und die darin vorgestellten Übungen machen. Auch Yoga bietet eine Möglichkeit, wenn du dich lieber dehnen und auf Körperpositionen konzentrieren möchtest. Wähle eine Yogaform, die sich leicht umsetzen lässt und steigere dich mit immer anspruchsvolleren Übungen. Leg die Latte jedoch nicht zu hoch, sodass du nicht gleich beim ersten Mal Muskelkater bekommst und entmutig wirst.

Hab Geduld mit deinem Körper und behandle ihn vorsichtig. Es braucht seine Zeit und vor allem viel Übung, um die Ziele zu erreichen. Denk immer daran, dass jeder Mensch verschieden ist und es bei dieser Art von körperlicher Bewegung nicht darum geht, den anderen zu zeigen, wie beweglich deine Wirbelsäule ist oder wie weit du laufen kannst. In vielen Yogakursen wird heutzutage eher Gymnastik gemacht, alls wirkliches Yoga. Wenn du also deinen Fuß hinter deinem Nacken verschränken kannst, bedeutet das noch nicht, dass du erleuchtet bist. Es ist nur ein Ausdruck davon, dass deine Hüften beweglich sund. Viele Körperübungen im Wintersport oder Schwimmen sind ausschließlich modische Erscheinungen. Außerdem: Wie aktuell ist dein Outfit und wie heißt der Designer, der es entworfen hat? Erneut vergessen wir dabei, worauf es eigentlich ankommt.

> WENN DU IRGENDEINE KÖRPERÜBUNG MIT ENTSPANNTER UND ZIELGERICHTETER KONZENTRATION AUSFÜHRST, HAST DU EINEN ZUSTAND DER MEDITATION ERREICHT.

Eine solche Kombination bewirkt Wunder für Körper, Geist und Seele. Du wirst anfangen, die Körperübungen zu genießen und eine andere Person zu werden. Laufen oder Schwimmen, Yoga oder Muskeltraining, also körperliche Betätigung, gleich welcher Art, wird ein immer wichtigerer Bestandteil deines Lebens. Und was du auch tust, wenn sich während der körperlichen Tätigkeit ein Gefühl inneren Friedens in dir ausbreitet, hast du es geschafft.

Achte bei allen Bewegungsformen darauf, dass du richtig atmest. Konzentriere dich auf das Einatmen und finde einen passenden Bewegungsrhythmus. Geh dabei logisch vor. Wenn du dich in deine Höhe streckst, solltest du nicht gerade ausatmen- und ebenso wenig einatmen, wenn du dein Oberkörper nach vorne beugst. Entwickle ein gesundes Körperbewusstsein und achte darauf, deinen Organismus nicht überzustrapazieren. Sei mit ihm im Einklang und genieße seine Ausdrucksmöglichkeiten. Denk immer daran, dass wir alle verschieden sind und unterschiedliche Qualitäten haben. Die einen können bis ans Ende der Welt laufen und die anderen sich wie eine Gummipuppe dehnen und strecken. Keiner ist besser als der andere, jeder ist auch hier für sich auf seine Weise einzigartig. Lass deinem Körper die Zeit, die er braucht. Geh nur so weit, wie er es zulässt, und schenk ihm in jedem Moment deine volle Aufmerksamkeit. Er will im Gegenzug blühen und gedeihen und dich mit Stärke, Flexibilität und physischer Kraft belohnen, die dein Selbstvertrauen, dein Glück und deinen inneren Frieden stärken.

INNERE EINSTIMMUNG

"Ich bin fest entschlossen, Körperübungen zu finden, die zu mir passen und mich in Schwung bringen. Ich verfüge über genug Ausdauer, um meinem Körper nach und nach die Kraft und Stärke zu geben, die ihm gebührt."

VISUALISIERUNG

Stell dir eine wunderschöne grüne Wiese vor. Es ist Sommer, die Sonne scheint, und du bist allein. Du fühlst dich gesund, bist unbeschwert und voller Energie. Atme die frische Luft ein und strecke deinen Körper. Nimm einen tiefen Atemzug und lauf los. Leicht wie eine Feder und ohne Anstrengung läufst du über die Wiese. Hin und wieder hältst du inne, um Luft zu holen und dich zu strecken. Es fühlt sich herrlich an, und jede Zelle deines Körpers ist lebendig. Du bist schnell und überbrückst ihn Mühe große Distanzen. Konzentriere dich auf deinen ruhigen Atem. Du kannst rennen, soweit dein Herz es begehrt, ohne müde zu werden. Lauf zum Rand der Wiese, wo ein wunderschöner, leerer Strand ist. Hast du Lust, ein wenig zu schwimmen? Spring einfach ins Wasser und schwimm hinaus aufs offene Meer. Atme bewusst und genieße die Leichtigkeit deines ganzen Wesens. Jede Bewegung ist mühelos und einfach. Du kannst so weit schwimmen, wie du willst, ohne müde zu werden. Dein Körper ist stark und in ausgezeichneter Verfassung. Nun kehrst du zum Ufer zurück und setzt dich in einer Yogaposition an den Strand. Schließe die Augen und genieße die absolute Stille und den inneren Frieden. Dein Körper ist erfrischt, verjüngt und fit.

Wiederhole diese Visualisierung jeden Tag, bevor du mit den Körperübungen beginnst. Sie erinnert dich daran, wie gut du dich hinterher fühlen wirst und hilt dir, Trägheit und innere Widerstände zu überwinden. Denk immer daran: Es handelt sich nicht um Arbeit, sondern um Spiel und Spaß. Dein Körper erhält dadurch die Kraft, die er braucht, um gesund zu bleiben.

AFFIRMATION

"ICH GENIESSE DIE BEWEGUNG UND DIE ERSTAUNLICHE ENERGIE, DIE IN MEINEM KÖRPER ZU FLIESSEN BEGINNT, WENN ER SICH BEWEGT. ICH HALTE MEINE MUSKELN GESCHMEIDIG UND STÄRKE MEINEN KÖRPERBAU. ICH FÜHLE, DASS MEIN KÖRPER KRAFT ENTWICKELT."

TAGEBUCH

Du weißt besser als jeder andere, wann es Zeit für eine Generalüberholung ist. Heute ist der beste Tag, um mit einer neuen Gewohnheit anzufangen. Schau dich um und wenn du weißt, welche körperliche Aktivität du gerne ausüben möchtest, fang ohne Zögern damit an.

Merk dir, welches Körpergefühl du hast, bevor du mit dem neuen Fitnessprogramm anfängst. Wie steht es mit deinem Energieniveau, deinem Geisteszustand, deinem Appetit, deinem Selbstvertrauen, deiner Sexualität bzw. deinem Liebesleben? Fühlst du dich attraktiv und verführerisch? Oder hast du gar das Gefühl, es sei "Eh für alles zu spät?"

Beantworte dir gleichen Fragen, nachdem du dein Bewegungsprogramm absolviert hast. Führe hinterher Tagebuch und beobachte, wie sich die körperliche Aktivität auf dein ganzes Leben auswirkt.

Du kennst nun den positiven Effekt, den die regelmäßigen Körperübungen auf dich haben. Es ist nie zu spät, deine Lebenseinstellung zu verändern und mit etwas Neuem anzufangen.

19. BLEIB JUNG

Die Kraftströme und Energiebahnen, die dich mit dem universellen Energiefeld verbinden, sind ein wichtiger Bestandteil deiner inneren und äußeren Körperstruktur. Deine Aura ist ein Energiefeld, das deinen gesamten Körper umgibt. Ständiger Stress zieht diesem Feld unaufhörlich Energie ab. Wenn du deinen Körper und seine energetische Struktur nicht immer wieder auffrischst, sind deine Reserven schnell aufgebraucht. Mit genügend Ruhe und Bewegung, der richtigen Ernährung und einem gesunden Umfeld kannst du deinen Körper jedoch wieder auffüllen und vitalisieren. Auf diese Weise bewahrst du dein Energieniveau und wirkst dem Alterungsprozess entgegen.

Man sagt, was das Altern betrifft, sei die Zeit nicht auf unserer Seite. Aber diese Aussage stimmt nur dann, wenn du Raubbau an deinem Körper betreibst und seine Reserven nicht wieder auffüllst. Stress, ungesunde Gewohnheiten und nicht genügend körperliche Aktivität sind deine Hauptfeinde. Die Zeit hingegen ist dein Freund. Mit ihrer Hilfe kannst du deine Schönheit transformieren und zu neuer Entfaltung bringen.

> WENN DU GESUND BIST UND VOLLER ENERGIE,
> STEHT DIE ZEIT FÜR DICH STILL.

Nach und nach wendet sich deine Aufmerksamkeit immer mehr von äußerer Schönheit ab und geht zur Betrachtung der inneren Schönheit über. Gedanken der Zufriedenheit, ein sorgenfreier Geist und ein offenes Herz spiegeln sich in deinem Gesicht wider. Weisheit und Erfahrung machen sich als ein besonderer Glanz in den Augen bemerkbar, und deine innere Schönheit wird die äußere ersetzen.

Es gibt viele junge Menschen, die sich nicht richtig um sich kümmern, die einen erschöpften und einen mangelnährten Eindruck machen. Sie haben ungesunde Gewohnzeiten und ein niedriges Energieniveau und sind folglich unmotiviert und passiv. Dem Alter nach mögen sie jung seien, aber tatsächlich fühlen sie sich alt und müde. Dein jugendlicher Zustand hängt sehr davon ab, wie viel du dich um dein Inneres und dein Äußeres kümmerst: Bist du mit dir und deiner gesamten Erscheinung zufrieden? Das heißt nicht, dass sich jetzt bei dir alles nur noch darum drehen soll, wie du ewig jung bleiben kannst. Erfreu dich einfach an deiner Reife und deiner Weisheit und kümmere dich um deinen Körper. Behandle dich selbst so liebevoll und fürsorglich, wie du dich einem geliebten Menschen gegenüber verhalten würdest. Praktiziere diese einfache Methode jeden Tag auf liebevolle Weise. Sie wird deine

Vitalität erneuern und dazu beitragen, dass du jung bleibst. Das richtige Atmen ist auch dabei von zentraler Bedeutung. Tägliche Atemübungen versorgen die Zellen deines Körpers mit ausreichend Sauerstoff. Sie regenerieren dich und sorgen für einen frischen Glanz auf deinem Gesicht.

INNERE EINSTIMMUNG

"Ich genieße jeden Tag meines Lebens und liebe meine Erfahrungen, durch die ich wachse.
und immer reifer werde. Ich liebe mich selbst und meinen Körper, der mich überallhin trägt.
Ich verbinde mich mit meiner zeitlosen Seele und verspreche mich so um mich selbst zu kümmern.
wie ich mich um einen geliebten Menschen kümmern würde.
Ich bin ohne Alter und bleibe ewig jung in meinem Körper.
meinem Herzen, meinem Geist und meiner Seele."

VISUALISIERUNG

Diese Übung kann überall im Liegen, Sitzen oder Stehen durchgeführt werden. Sie erfordert ein paar Minuten Konzentration und fördert Gesundheit und Wohlbefinden. Darüber hinaus energetisiert sie den ganzen Körper und trägt zum Erhalt deiner zeitlosen Schönheit bei. Schließe die Augen und konzentriere dich auf den Atem. Atme tief durch die Nase ein und aus. Beobachte deinen Atem und beruhige deine Gedanken. Atme zehn Minuten lang tief ein und aus. Atem nun ein und halt den Atem ein paar Momente an. Konzentriere dich auf deine Füße und spann alle Fußmuskeln an. Zähle bis fünf und entspann deine Füße wieder, während du ausatmest. Wiederhole diesen Vorgang dreimal und mach das Gleiche mit den anderen Körperteilen. Fang mit den Füßen an, geh dann über zu den Waden, den Oberschenkeln, dem Gesäß, dem Unterleib, dem Bauch, der Brust, den Schultern und dem ganzen Rückbereich. Mach nun weiter mit deinen Händen, den Unterarmen, den Oberarmen, dem Nacken und schließlich dem Gesicht und dem Kopf. Lass dir Zeit und konzentrier dich darauf, jede erwähnte Muskelgruppe zu lokalisieren und sie beim Einatmen anzuspannen. Wiederhole jeden Abschnitt dreimal und fühle, wie dein Körper sich spontan auflädt. Alle Zellen wachen auf und fangen an zu arbeiten, denn sie fühlen sich energetisiert und lebendig. Am Anfang stellst du vielleicht fest, wie stark du von deinem Körper getrennt bist. Die Muskeln wollen scheinbar nicht auf dich hören und fühlen sich träge an. Übe dich jedoch in Disziplin und fahre mit dieser einfachen, aber sehr wirkungsvollen Übung fort. Du wirst sehen, in wenigen Minuten wird dein ganzer Körper erwachen, und du fühlst dich vitalisiert und voller Energie. Dies ist wichtig, wenn du dich nicht vom Alter abhängig machen willst. Um jugendlich zu bleiben, musst du jeden Tag deine Muskeln mit Energie füllen und in Bewegung halten.

AFFIRMATION

"ICH VERBINDE MEINEN KÖRPER MIT DER EWIGEN QUELLE VON LEBEN, JUGEND UND SCHÖNHEIT. JEDE EINZELNE ZELLE MEINES KÖRPERS IST VOLLER LEBENSKRAFT UND ERHELLT MEIN GANZES WESEN."

TAGEBUCH

Schreib auf, wie alt du bist und wie alt du dich empfindest. Fühlst du dich im Herzen jung oder hast du dein Herz irgendwann verschlossen? Wenn du dich jünger als dein biologisches Alter glaubst, achte darauf, welchem Alter du dich geistig zuordnest.

Geh zurück und schau, was damals in jenem Alter geschah. Wahrst du verliebt? Hattest du großen Erfolg? Wahrst du auf einer spannenden Reise? Bist du vielleicht Vater oder Mutter geworden? Erinnere dich an jene glückliche Zeit und bewahre sie dir als persönliche Energiequelle. Was könnte in deinem gegenwärtigen Leben ähnliche Gefühle hervorrufen? Wenn du nichts findest, lass dir etwas einfallen, was dir wieder das Gefühl gibt, jung zu sein. Verlieb dich wieder in deinem Partner oder deine Partnerin oder lerne eine Fremdsprache, wenn das deine glücklichste Zeit war. Oder finde ein kreatives Projekt, das dich an diese Zeit erinnert, sodass du dich im Herzen wieder lebendig fühlst.

Wenn die Gegenwart deine glücklichste Zeit ist und du mit deinem Alter in Einklang bist, genieße und schätze dein großartiges Leben. Es ist sehr wichtig, die Gegenwart auszukosten.

Praktiziere diese Übung und schreib jedes Mal auf, wie du dich hinterher fühlst. Benutze die Affirmation und achte auf die veränderte Einstellung gegenüber deinem Alter. Notiere dir alle neuen Selbsterkenntnisse und mach dir eines klar: Je zufriedener du kit deinem Alter bist, desto näher kommst du dem Gefühl wahrer Alterslosigkeit.

20. GENIEß DEIN LEBEN

Das Leben und alles Schöne ist dazu da, gefeiert zu werden. Das Göttliche hat dir einen Körper geschenkt. Mit ihm kannst du diene Wünsche und Träume leben, zu wunderbaren Plätzen dieser Erde reisen und mit anderen Lebewesen kommunizieren. Du kannst mit ihm Erfahrungen machen und das Leben feiern.

Wann hast du dir das letzte Mal klar gemacht, was für ein Glückspilz du bist? Du hast das große Glück, hier zu sein und wertvolle Erfahrungen zu machen.

> DEIN LEBEN IST VOLL VON MÖGLICHKEITEN UND GELEGENHEITEN ALLER ART. WIR SOLLTEN DER EINFACHER LEBENSFREUDE VIEL ÖFTER AUSDRUCK VERLEIHEN.

Der Freude, aufzuwachen, den Himmel über uns zu sehen und von geliebten Menschen umgeben zu sein. Wir sollen uns mehr über die Natur und die zarte haut eines Neugeborenen freuen und vor allem viel mehr lachen. Gibt es nicht überall etwas zu bewundern und zu bestaunen? Welch unbeschreibliche Schönheit eine Blume oder ein Schmetterling besitzt – die perfekte Harmonie mit Flügeln!

Das Leben ist schön und muss gefeiert werden. Du magst in einer großen Familie leben oder ein Einzelgänger sein, der nur ein paar Zimmerpflanzen um sich hat. In welchen Lebensumständen du dich auch befinden magst, du kannst das leben feiern. Halt einfach inne und atme den Duft der Rosen. Oder nimmst du alles als selbstverständlich hin? All die Schönheit in deinem Leben, hast du sie jemals wirklich beachtet? Ist es nicht wunderbar, am Leben zu sein, spazieren gehen zu können und einen sicheren Platz zu haben, wo du dich am Abend zur Ruhe legst? Ob du von materiellem Reichtum umgeben bist oder nur das Lebensnotwendige besitzt, du kannst immer und überall deinen eigenen Reichtum genießen. Dein Körper zum Beispiel ist der pure Luxus. Wenn du lernst, dich selbst zu verwöhnen, stehen die Chancen nicht schlecht, dass es auch andere tun werden. Eine Feier bedeutet nicht zwangsläufig ein großes Fest mit vielen Luftballons und viel Lärm. Du kannst das Leben feiern mit einem ruhigen und entspannten Abend, an dem du lange allein ind er Badewanne liegt. Wie auch immer du dich entscheidest, das Leben zu feiern, zeig deinem Körper, dass du ihm dankbar bist und ihn schätzt. Im Einklang mit deinem Körper zu sein, wird dir Glück und Zufriedenheit bringen und deinen Geist beflügeln.

INNERE EINSTIMMUNG

"Ich schenke der einzigen Person, die jeden Morgen mit mir aufwacht, von nun an mehr Aufmerksamkeit – mir selbst! Ich verwöhne mich und bin mir gegenüber aufmerksam und liebevoll. Indem ich meinen Körper respektiere und feiere, ziehe ich liebevolle Menschen in mein Leben und erinnere andere daran, sich selbst ebenfalls zu verwöhnen."

VISUALISIERUNG

Such dir einen ruhigen und ungestörten Platz und entspann dich. Zentriere deinen Geist und genieß die Stille. Konzentriere deine Aufmerksamkeit und frag dich, was du dir selbst als Geschenk geben möchtest. Gewöhn es dir an, dich einmal in der Woche so richtig zu feiern.

Hier sind ein paar Ideen, wie du Körper und Geist verwöhnen kannst:

Nimm ein Schaumbad.

Sing für dich ein Lied.

Schenk dir Blumen.

Besuche eine Bibliothek oder ein Museum oder geh ind Kino, theater oder zu einer Sportveranstaltung.

Achte darauf, was in deiner Umlegung geschieht, vielleicht hält eine interessante Person eine Vortrag, den du dir gern anhören würdest..

Schreib dir selbst ein Dankeschön.

Gönn dir eine Massage oder eine kosmetische Behandlung.

Leg dir Musik auf und träume in den Tag hinein.

Betrachte die Wolken.

Geh in die Natur bzw. in einen Park und schau dir die Bäume an, lausche den Vögeln, atme bewusst und genieße den Augenblick.

Mach einen Tagesausflug.

Pflege deinen Körper und feiere deine Schönheit.

Wenn geld kein Thema ist, mach eine Weltreise…

AFFIRMATION

"ICH DANKE FÜR MEIN LEBEN UND MEINE GESUNDHEIT UND FEIERE KÖRPER, GEIST UND SEELE. ICH BIN DANKBAR FÜR DEN NIE VERSIEGENDEN GÖTTLICHEN SEGEN IN MEINEM LEBEN."

TAGEBUCH

Schätze den Grad deines Selbstvertrauens ein, bevor du mit dieser Übung anfängst.

Fühlst du dich attraktiv, erfolgreich, begehrt, geschätzt, glücklich und zufrieden?

Fühlst du dich geliebt, umsorgt und beschützt?

Freust du dich auf dein zukünftiges Leben und auf die unbekannten Abenteuer, die dich erwarten?

Stell dir die Fragen erneut, nachdem du dir selbst etwas geschenkt hast (vielleicht aus der Liste weiter oben?).

Bemerkst du den Unterschied?

Wodurch ist er zustande gekommen?

Du solltest dir klar machen, dass du dir jederzeit und überall und mit wem auch immer eine liebevolle Umgebung schaffen kannst, dass es dir aber auch gut gehen kann, wenn du allein bist. Freu dich einfach und genieß deinen inneren Frieden.

TEIL VI.

WOHLBEFINDEN

Wohlbefinden für deinen Geist

~ MEINE FANTASIE IST GRENZENLOS ~

21. KONZETRATION

Wenn du möchtest, dass Wohlstand in dein Leben einzieht, musst du zuerst Wohlstand im Geist entwickeln. Wenn du weißt, was du willst und dich auf dein Ziel konzentrieren kannst, wirt du es erreichen. Vielleicht ist der Weg zum Ziel nicht gradlinig, aber Resultat, das du dir vorgestellt hast, wird sich schließlich manifestieren.

Die Fähigkeit zur geistigen Konzentration ist dafür jedoch absolut erforderlich. Zum Glück kann jeder lernen, sich richtig zu konzentrieren. Es braucht allerdings ein wenig Übung. Am leichtesten stärkst du deine Konzentrationsfähigkeit durch Körperübungen. Eine einfache Yogapose mag dir alles abverlangen, denn du schaffst es anfangs vielleicht nicht gleich, auf einem Bein zu stehen. Aber du Wirts sehen, wie schnell du es lernst, wenn du es wirklich willst. Konzentriere dich, atme bewusst ein und aus und hör, wie dein Geist "Nicht bewegen!" flüstert. Sobald die innere Anweisung erfolgt und du sie unbeirrbar im Geist festhältst, kannst du ewig auf einem Bein stehen.

Ich habe es oft bei meinen Kursteilnehmern gesehen. Wer sich nicht konzentrieren kann, ist nur nicht in der Lage, seinen Geist ruhig zu halten. Und wenn du deinen Geist nicht unter Kontrolle hast, kannst du auch deinen Körper nicht stillhalten. Zwingst du dich jedoch zur Konzentration und gibst dir starke, eindeutige Anweisungen, wird dein Körper nicht stillhalten. Du drafts nicht zimperlich dabei sein, denn entweder du beherrscht deinen Geist oder er beherrscht dich. Du bist dann sein Sklave, bist ihm willenlos ausgeliefert und gleichzeitig ständig abwesend. "Tausende Dinge schießen mir durch den Kopf. Ich weiß gar nicht, was ich zuerst denken oder tun soll..." – dies ist die Aussage einer Person, die ihren Geist nicht unter Kontrolle hat.

> ES IST ÄUSSERST WICHTIG, DASS DU DEINEN GEIST BEHERRSCHST UND WEISST, WIE DU IHN EINSETZEN KANNST.

Es gibt Zauberer, die bestimmte Dinge auf wunderbare Weise verschwinden lassen können, und Sportler, bei denen es scheint, als könnten sie Einfluss auf die Schwerkraft nehmen. Ihre Konzentrationsfähigkeit hat ein perfektes Ausmaß erreicht. Deine Aufmerksamkeit auf einen bestimmten Gegenstand zu fokussieren, sich ein Ergebnis vorzustellen, jemandem Heilenergie zu senden oder telepathisch mit einer anderen Person zu kommunizieren- all das erfordert tiefe Konzentration. Wie oft sagen wir: Ich kann mich nicht konzentrieren?" Das mag zwar manchmal stimmen, aber allein schon dadurch, dass wir diesen negativen Satz denken und aussprechen, schwächen wir unsere Fähigkeit, das zu erreichen, was wir uns vornehmen. Die Macht der Worte ist wie gesagt gewaltig, und man sollte sehr vorsichtig darauf achten, womit die Worte in unserem Energiefeld in Resonanz treten.

Wenn du regelmäßig Konzentrationsübungen machst, wirst du schnell zu positiven Ergebnissen kommen und erstaunt sein, wie sehr sich dein Leben verändert. Unterschätze nie deine geistige Kraft, sondern vertrau darauf, dass du deine Konzentrationsfähigkeit verbessern und deinen Geist irgendwann voll und ganz beherrschen kannst.

INNERE EINSTIMMUNG

"Ich möchte meinen Geist kontrollieren und entscheiden können, was ich denke. Ich bin geduldig und vertraue darauf, dass ich durch diese Konzentrationsübung lerne, meine geistige Kraft voll zu entwickeln."

VISUALISIERUNG

Such dir einen ruhigen und ungestörten Platz und entspann dich. Atme tief ein und aus. Mit jedem Atemzug entspannst du dich tiefer. Du fühlst, wie dein Körper immer schwerer und lockerer wird. Schließ die Augen ind neige den Kopf ein wenig nach hinten, so als ob dein Blick in weite Ferne schweifen würde und du innerlich in Richtung deines Dritten Auges schaust. Atme bewusst und visualisiere den Nachthimmel. Wenn du Sterne siehst, heg von einem zu anderen und betrachte ihre leuchtende Schönheit. Sollten für dich keine Sterne in Sicht sein, konzentriere dich auf den tiefen, endlosen Raum. Hör auf deinen Atem und genieße diese erstaunliche Reise. Alles andere fällt von dir ab, kein Gedanke und kein Geräusch vermag in deine Aufmerksamkeit zu dringen. Nur der Nachthimmel und die Sterne. Genieß den Raum, den grenzlosen Horizont innerhalb deiner Vorstellungskraft. Hier kannst du alles sehen, alle Erinnerungen wieder anschauen und dir eine neue Realität vorstellen. Jetzt aber genießt nur den friedvollen Abendhimmel.
Plötzlich siehst du über dir eine Sternschnuppe mit einem strahlend hellen Schweif. Wünsch dir etwas, ohne viel nachzudenken. Atme tief und schick deinen Wunsch ins Universum. Entspann dich, atme ruhig ein und aus und komm zurück. Öffne die Augen und geh davon aus, dass dein Wunsch sich erfüllen wird.

AFFIRMATION

"ICH HABE DIE GEISTIGE FÄHIGKEIT, MICH VOLL ZU KONZENTRIEREN UND EINE NEUE REALITÄT FÜR MICH ZU SCHAFFEN. ICH KONZENTRIERE MICH VOLLKOMMEN AUF DAS GEWÜNSCHTE OBJEKT."

TAGEBUCH

Wie war deine geistige Verfassung vor dieser Übung?

War dein Himmel voller Sterne und bist du von einem zum anderen gereist?

Wie lautete dein Wunsch?

Hast du ihn dir deutlich vorstellen können?

Wenn nicht, was hat dich behindert?

Erzeuge auf deiner "inneren Leinwand" ein klares Bild von dem, was du dir wünschst, und praktiziere die Visualisierung. Du solltest dir alles bis ins letzte Detail vorstellen. Überlass nichts dem Zufall.

22. INNERE SUCHE

Vertrau dem Prozess und den positiven Veränderungen, die er bewirken kann. Erkenne den inneren Reichtum, der in dir schlummert und mach dich auf den Weg. Um Erfolg zu haben und im Überfluss leben zu können, müssen jedoch mehrere Faktoren zusammenkommen.

VISION: Du musst Wissen, was du willst. Ohne ein klares Bild deiner Wünsche, das du visualisieren kannst, wirst du keine klare Realität schaffen können.

ZUVERSICHT UND VERBAUEN: Glaub an dich und deinen vorbestimmten Erfolg. Wende dir selbst nicht vertraust und dich das angestrebte Ziel nicht erreicht siehst, hast du deinen Geist noch nicht auf Wohlstand programmiert.

DIE BEREITSCHAFT, AN DIR ZU ARBEITEN: Du kannst noch so großartige Ideen haben, solange du nicht bereits bist, deinen Finger für sie krumm zu machen, werden andere sie verwirklichen. Fang am besten schon heute damit an, deine Ideen in die Tat umzusetzen.

AUSDAUER: Lass dich nicht davon entmutigen, wenn es nicht gleich beim ersten Mal klappt. Vielleicht modificierst du deinen Ansatz und änderst deine Vorgehensweise. Oder du erweiterst erst mal deinen Horizont. Möglicherweise wirst du dann empfänglich dafür, was das Universum dir anzubieten hat. Du wolltest einen Apfel, aber der Kosmos bietet dir eine Apfelsine an. Sie ist nicht genau das, was du dir vorgestellt hast, aber eine Apfelsine ist auch eine Frucht und schmeckt großartig und schließlich stellst du fest, dass du Apfelsinen viel lieber magst als Äpfel.

GLAUBE: Der Glaube ist eine starke Kraft und hat die Menschheit schon durch so manche prekäre Situationen geleitet. Wenn es um Leben und Tod geht, halten Glaube und Hoffnung dich über Wasser.

EINE POSITIVE EINSTELLUNG: Wenn sue zu deiner gefühlsmäßigen Lebensgrundlage wird, hast du Zugriff auf eine ungeheure Kraftquelle. Sie spornt dich in die härtesten Zeiten an und macht dich um Erfolg bescheiden.

> ES DENK IMMER DARAN, DASS SICH ALLES IM LEBEN VON EINER SEKUNDE AUF DIE ANDERE VERÄNDERN KANN. EIN TELEFONANRUF, EIN SATZ – UND DEINE KÜHNSTEN TRÄUME WERDEN WAHR. GLAUB ES MIR.

Selbstvertrauen und der Glaube an deine Möglichkeiten gehen hand in hand. Bist du schwach oder stark? Ein Optimist oder ein Pessimist? Wir alle sind auf bestimmte Weise realisten, denn wir leben in unserer eigenen Realität. Es kann sein, dass du dich selbst für einen Realisten hältst, obwohl deine Realität für einen anderen Menschen äußerst unreal ist. Und umgekehrt ist es genauso. Was mir völlig normal erscheint, kann für dich vollkommen unmöglich sein.

Man kann nie ein genaues Urteil über eine andere Person angeben, den man kann nie wissen, welche Gefühle sie hat, was sie durchmachen musste, um an einem bestimmten Punkt zu sein und aus welchem Grund sie sich so verhält, wie sie es tut. Je mehr Parameter du berücksichtigst, desto mehr musst du deinen Horizont erweitern und letztlich sogar über die Begrenzungen von räum und Zeit hinausgehen.

Die innere Suche beginnt, wenn unsere gewohnte Realität durch irgendwen oder irgendwas verändert wird. Was geschah wann, wo, wie, warum?

Plötzlich macht nichts mehr einen logischen Sinn und uns bleibt nichts anderes übrig als tief in unserem Inneren nach einer Antwort zu suchen. Wenn niemand unsere Fragen beantworten kann, müssen wir sie uns selbst beantworten. Es gehört zur menschlichen Natur, dass wir normalerweise nach einer intensiven Erfahrung, die uns aufgerüttelt hat, an diesen Punkt kommen. Wir spüren, dass es etwas in uns gibt, das unsere tiefsten Sehnsüchte und Geheimnisse kennt. Dieses Etwas ist das höhere Selbst. Es steht immer mit dir in Verbindung und kommuniziert Tag und Nacht mit dir. Aber hörst du auch zu? Du könntest ihm ruhig ein bisschen mehr Aufmerksamkeit schenken, denn es weiß immer eine Antwort auf deine Fragen.

Wenn du deine innere Stimme gefunden hast, erkennst du, dass alles für dich möglich und erreichbar ist. Das unterscheidet dich von jemanden, der in Wohlstand und Überfluss lebt? Nichts. Mit Vision, Zuversicht und Vertrauen, angemessen harter Arbeit und Ausdauer kannst du auch in allen Bereichen deines Lebens grenzenlose Fülle erfahren.

INNERE EINSTIMMUNG

"Ich bin mir bewusst, dass ich jederzeit grenzlosen Überfluss anzapfen kann. Mein höheres Selbst steht mir immer mit Rat und Tat beiseite. Ich verbinde mich mit ihm und gehe auf Entdeckungsreise."

VISUALISIERUNG

Such dir einen ruhigen und ungestörten Platz, mach es dir dort bequem und entspann dich. Jeder Atemzug bringt dich in eine tiefere Entspannung. beruhige deinen Geist, sodass du nur noch deinen Atem hörst.

Visualisiere den Wohlstand und den Überfluss, nach dem du dich sehnst. Stell dir vor, wie du die Früchte deiner Arbeit erntest und erfolgreich deine Ziele erreichst.

Was steht dir noch im Weg?

Was hält dich davon ab, Erfolg zu haben?

Überleg die deine Antwort gut.

Wie kannst du dieses Hindernis beseitigen?

Was ist der nächste Schritt?

Mit wem solltest du Kontakt aufnehmen?

Wie kannst du anfangen?

Schau dir an, was noch alles unklar ist, und stell dir jeweils nur eine Frage. Konzentriere dich auf die dringlichste Frage und stell dir vor, dein Geist öffnet sich wie ein Satellitenschlüssel. Er wird alle für dich brauchbaren Frequenzen herausfiltern und dich in die richtige Richtung lenken.

Visualisiere einen kleinen, aber kraftvollen Empfänger in deinem Kopf. Er reagiert äußerst sensibel auf Signale, die dich heute erreichen. Entspann dich, atme und bleib innerlich auf Empfangsbereitschaft.

Erinnere dich, sooft du kannst, an dieses Gefühl. Achte auf jedes Ereignis, auf alle Leute, die dir begegnen, und auf alle Worte, die du hörst. Achte auf den Text der Lieder, die im Radio gespielt werden. Sind darin spezielle Botschaften für dich enthalten? Hast du schon mal an eine bestimmte Idee oder an einen deiner Wünsche gedacht und nach wenigen Minuten schon bot sich eine Gelegenheit? Alle scheinbar bedeutungslosen Mitteilungen sind für dich bestimmt, damit du das aus ihnen herausfiltern kannst, was für dich Sinn macht. Halten die Vision in deinem Geist lebendig und lass dich vom Universum in die Situation und an den Ort führen, sodass du auf deinem vorbestimmten und herbeigesehnten Weg voranschreiten kannst.

AFFIRMATION

"ICH HÖRE AUF MEINE STIMME UND ACHTE AUF ALLE MITTEILUNGEN, DIE ICH EMPFANGE. ICH WEISS, WIE ICH DIE BOTSCHAFTEN MITEINANDER VERBINDE UND DEN RICHTIGEN WEG ZU WOHLSTAND UND ÜBERFLUSS FINDE."

TAGEBUCH

In welchem Stadium der Überflusses befindest du dich im Moment?

Wie fühlt sich das für dich an?

Stell dir die Fragen, die in der Visualisierung aufgeführt sind, und schreib die Antworten auf.

Nimm dir genügend Zeit, um ehrliche Antworten zu finden.

Praktiziere die vorgeschlagenen Visualisierungsübungen und schärfe deine Vision.

Halt die interessantesten Botschaften fest, die dir im Verlauf des Tages aufgefallen sind und schaue nach, ob irgendetwas dich auf eine Idee bringt. Wiederhole dir Übung nach einer Woche und achte auf Veränderungen.

Notier dir den Inhalt deiner Selbstgespräche und werde dadurch immer vertrauter mit deiner inneren Stimme.

23. SELBSTVERTRAUEN

Dein innerer Dialog hat großen Einfluss auf alles, was du denkst und tust. Die einen hören mehr auf ihren Kopf, die anderen mehr auf ihr Herz. Idealerweise halten sich beide Stimmen die Waage, und man findet so für jede Situation die beste Lösung.

Es ist sehr wichtig, genau darauf zu achten, was sich in unserem Bewusstsein abspielt. Bist du eher voller Vertrauen und denkst positive, ermunternde Gedanken? Besitzt du Selbstvertrauen oder bist du eher schwach und ängstlich? Viele, denen es an Selbstvertrauen mangelt, haben die Tendenz, andere Menschen dafür verantwortlich zu machen.

> WIR GLAUBEN, DASS UNS BESTIMMTE MENSCHEN ODER SITUATIONEN UNSER SELBSTVERTRAUEN "GESTOHLEN" HABEN, SEI ES IN FERNER VERGANGENHEIT ODER IM JETZIGEN LEBEN.
>
> NIEMAND KANN DIR DIE VERANTWORTUNG FÜR DICH ABNEHMEN – WEDER DEIN CHEF NOCH DEINE ELTERN UND AUCH NICHT DEIN PARTNER ODER DEINE PARTNERIN ODER WER AUCH IMMER.

Du kannst dich bewusst bestimmten Einflüssen aussetzen, aber lass niemals zu, dass jemand die Kontrolle darüber hat, was du über dich selbst und deine persönlichen Fähigkeiten denkst. Es ist bekannt, wie stark unsere Psyche in der frühen Kindheit geprägt war. Auch wenn du dich zurzeit vielleicht in einer schwierigen Beziehung befindest und dein Partner oder deine Partnerin dich in keiner Weise ermutigt, kann die Ursache des Problems viel älter sein. Es ist nicht leicht, zurück in die Vergangenheit zu gehen, um herauszufinden, was im Einzelnen geschehen ist. Es kann auch sein, dass du den gesamten Vorfall einfach aus deinem F-Gedächtnis gestrichen hast und dich an nichts mehr erinnerst.

Aber wie die Vergangenheit so ausgesehen haben mag, ist die Gegenwart die beste Zeit, um sich mit der eigenen Geschichte auseinanderzusetzen. Betreib ein wenig Nachforschung und sprich mit Eltern, Geschwistern oder Verwandten. Find heraus, wie sehr deine Eltern dich ernstgenommen und deine Wünsche und Träume in der Kindheit unterstützt haben.

Durch ein wenig Hilfe von außen können auch deine eigenen Erinnerungen wieder zum Vorschein kommen. Gab es jemanden, der dich unterstützt hat? Wurdest du in deinen

Bemühungen ermutigt und für deine Erfolge belohnt? Und wie sieht es mit deinen Talenten aus? Jeder Mensch hat bestimmte Fähigkeiten, die er normalerweise schon früh zu verstecken lernt. Nachdem du dir deinen Familienzusammenhang vergegenwärtigt hast, erinnere dich an deine Lehrerinnen und Lehrer. Gab es jemanden, der dich verstanden und deine Begabung gefördert hat? Oder hattest du einen Lehrer, der dich klein gemacht hat und übermäßig streng zu dir war? Selbst das kleinste Detail kann von Bedeutung sein. Sobald du deine Aufmerksamkeit auf diese Themen richtest, wirst du anfangen, dich Schritt für Schritt genauer zu erinnern. Wie die verloren geglaubten Teile eines Puzzles werden sich die Einzelheiten immer mehr zu einem Bild zusammensetzen.

Es ist äußerst faszinierend, die eigene Vergangenheit zu entdecken und herauszubekommen, was deinen Charakter beeinflusst hat. Hast du erst einmal ein paar Schleier gelüftet und angefangen, deine gesamte Entwicklung zu begreifen, wirst du feststellen, dass die alten, eingefahrenen Begrenzungen immer mehr von dir abfallen. Du erkennst, dass dir alle Möglichkeiten offen stehen und du gleich heute mit neuem Selbstvertrauen und Werk gehen kannst. Genieß dein Leben und denk immer daran, dass der Sternenhimmel unendlich ist und keine Grenzen kennt.

INNERE EINSTIMMUNG

"Ich werde meine Erinnerungen auffrischen und mein in mir schlummerndes Selbstvertrauen zu einem neuen Leben erwecken. Ich weiß, was ich kann und höre auf das höhere Wissen, das in mir angelegt ist. Von nun an lasse ich mich von meiner inneren Stimme führen."

VISUALISIERUNG

Such dir einen ruhigen Platz, wo du in aller Ruhe ungestört entspannen kannst. Atme langsam und bewusst ein und aus. Konzentriere dich voll auf deinen Atem. Mit jedem Atemzug sinkst du tiefer in einen Zustand inneren Friedens.

Stell dir eine wunderschöne grüne Wiese vor, die versteckt in einem tiefen Wald liegt. Sie wird von großen Kiefern beschützt, die sie vollständig umgeben. Geh auf der Wiese spazieren und fühl das Gras unter deinen nackten Füßen. Es fühlt sich weich und frisch an. In der Mitte der Wiese befindet sich eine große Blume mit einer riesigen Knospe. Je näher du kommst, desto mehr öffnet diese sich. Wenn du vor der Blume stehst und in ihre Blüte schaust, siehst du ein anmutiges kleines Kind zwischen den Blütenblättern schlaffen. Es erwacht, während du es anblickst und bemerkt dich. Es freut sich, dich zu sehen. Nimm das

Kind aus der Blume und geh mit ihm spazieren. Frag das Kind nach seinem Namen, wie es sich fühlt und ob es glücklich ist. Lausche aufmerksam seinen Antworten. Frag nun das Kind, was sein größter Wunsch ist. Sei geduldig und gib ihm genug Zeit, um zu antworten.

Glaubt es daran, dass seine Wünsche in Erfüllung gehen? Geh mit ihm zurück zur Blume und leg es wieder in die Blüte. Gib ihm einen dicken Kuss und sag ihm, dass alles möglich ist und eintreten wird. Wenn du ihm intuitiv etwas sagen willst, ums Selbstvertrauen zu stärken, teile es ihm direkt von deinem Herzen aus mit. Versprich, dass du bald wieder auf einen Besuch vorbeikommen wiest und dass es dich jederzeit rufen kann.

Das Kind schaut zufrieden und glücklich aus, denn es weißt, dass es niemals mehr allein sein wird. Es schließt seine wundervollen Augen und Schlief ein. Die Blütenblätter umringen es, und die Blüte schließt sich wieder zur Knospe. Du wirst dieses Kind schon bald ein weiteres Mal besuchen.

AFFIRMATION

"ICH BESUCHE MEIN INNERES KIND, UM ZU SEHEN,
WIE ES SICH FÜHLT UND WOVON ES TRÄUMT.
ICH HELFE IHM DABEI, SEIN SELBSTVERTRAUEN ZU ENTWICKELN.
DIESES KIND IST EINZIGARTIG
UND VERFÜGT ÜBER GROSSE FÄHIGKEITEN.
ALL SEINE TRÄUME WERDEN WAHR."

TAGEBUCH

Halte alles schriftlich fest, was das Kind dir erzählt hat. Erinnere dich an jedes Detail. Wiederhole die Visualisierung immer dann, wenn du den Wunsch verspürst, dich mit deinem inneren Kind zu verbinden. Achte auf die unterschiedlichen Antworten, die du erhältst und wie die deinen Alltag beeinflussen.

Die Suche nach dem Selbst hat viele Etappen, und diese hier ist eine wichtige Verbindung zu deiner Vergangenheit. Indem du deinem inneren Kind zurückkehrst und es ermutigst, an die Erfüllung seiner Träume zu glauben, initiierst du in deinem Unterbewusstsein ein neues Verhalten, das dein Selbstvertrauen mit jeder Handlung stärkt. Notiere den Fortschritt, wenn du die Übung nach zwei Wochen wiederholst. Brich niemals dein Versprechen gegenüber dem Kind. Immer wenn es dich braucht, solltest du bei ihm sein. Es muss sich auf dich verlassen können.

24. GEISTIGER WOHLSTAND

Was für ein Bild entsteht vor deinem inneren Auge, wenn du dir eine wohlhabende Person vorstellst? Kannst du dir vorstellen, selbst erfolgreich zu sein und im Überfluss zu leben? Glaubst du zu wissen, welcher Beruf oder welche Tätigkeit dich glücklich und zufrieden machen würde? Damit du nicht ein Trugbild hinterfragst, das du am Schluss vielleicht doch nicht magst, solltest du dich gehen und gründlich in deinem Inneren nachforschen.

Viele von uns haben ein Vorbild oder ein Idol. Vielleicht entstand es in unserer Jugend und ist seit damals fest in unserem Geist verankert als die ideale Person, die wir gerne selbst wären oder zumindest gerne treffen würden. Was gefällt dir an dieser Person? Kennst du sie persönlich? Was weißt du sonst über ihren erfolgreichen Werdegang? Kennst du auch die Kehrseite der Medaille oder ist dir nur ihre erfolgreiche Kariere bekannt? Wie sieht es mit ihrem persönlichen Bereich aus oder hat sie kein Privatleben? Was geschah, nachdem sie ihr Ziel erreicht hatte? half sie anderen dabei, ebenfalls erfolgreich zu sein, oder hat der eigene Erfolg sie blind gemacht?

Wie hättest du dich an ihrer Stelle entschieden? Wenn du davon geträumt hast, ein berühmter Arzt zu werden, der neue Heilmethode entdeckt – wie würdest du mit deinem Erfolg und deinem Wohlstand umgehen?

Würdest du dich befriedigt aus dem Arbeitsleben zurückziehen oder würdest du dich auf eine weitere lange Forschungsreise begeben und dir niemals eine Pause gönnen?

> TREIBEN DICH EHRGEIZ UND KONKURRENZDENKEN DAZU AN, MATERIELLEN REICHTUM ANZUHÄUFEN, ODER MOTIVIERT DICH EINFACH DIE FREUDE AN DEM, WAS DU TUST?

Ist es der Wunsch, anderen zu helfen, indem du sie beispielsweise zum Lachen bringst, sie das Lesen lehrst oder durch wundervolle Blumengebinde erfreust? Verrichtest du deine Arbeit mit Liebe und Freude, oder hast du nur Geldscheine vor den Augen?

Seelischer Überfluss ist am wertvollsten und zündende Ideen sind der größte Reichtum eines wahrhaft wohlhabenden Menschen. Einem Freund oder einer Freundin dabei zu helfen, den eigenen Traum zu verwirklichen, ist eine bereichernde und erfüllende Erfahrung. Menschen, die gerne von sich aus geben, helfen uns dabei, unsere eigenen Qualitäten zu entdecken. Von einer erfolgreichen Person zu lernen, kann sehr interessant sein. Wir können aus ihren Fehlern lernen und auch ihnen etwas mitgeben. Welche Menschen sind bereits erfolgreich in dem, was du erreichen willst? Wodurch haben sie es geschafft, was waren ihre Wünsche und ihre Startbedingungen und wie sah ihr Erfolgsweg im Einzelnen aus?

Es kann sehr hilfreich für dich sein, eine Person näher zu kennen, die das erreicht hat, was du anstrebst. Stellt Nachforschungen an und informiere dich über die Vor- und Nachteile des Berufs, der dich interessiert? Was musst du alles tun, um die Ziele zu erreichen, die du dir vorstellst, damit deine Vision auch Wirklichkeit wird und du den gewünschten Wohlstand erlangst?

Nehmen wir an, du möchtest Tierarzt oder Tierärztin werden. Hast du jemals einen Vertreter dieses Berufs persönlich gekannt? Vielleicht machst du dir falsche Vorstellungen über die Realität dieser Tätigkeit. Bringe alles, was du über sie wissen musst, in Erfahrung und stellsicher, ob du die erwarteten Anforderungen auch erfüllen kannst. Vielleicht willst du Profisportler oder Profisportlerin werden. Hast du jemals die Sportart, die du bewunderst, selbst ausgeübt? Find heraus, wie es ist, diesen Sport auszuüben und informiere dich über alles, was mit ihm zusammenhängt. bring in experience, wie das Leben von professionellen Sportlern aussieht und was sie dafür opfern mussten, um das sein zu können, was sie sind. Nichts geschieht über Nacht. Oftmals haben diejenigen, deren Erfolg scheinbar plötzlich kam, sich schon jahrelang unbemerkt darauf vorbereitet. Das Einzige, was wie im Nu kam, war die Anerkennung, die diese Person für das erhielt, was sie sich aufgebaut hatte.

Viele Mädchen wären gerne eine Ballerina, aber wissen sie auch, mit welchem Entbehrungen die Erfüllung dieses Traums einhergeht? Die Disziplin, die endlosen Trainingsstunden, die körperlichen Schmerzen, der Konkurrenzdruck, die kurze Zeitspanne, in der man diesen Beruf wirklich genießen kann? Wenn du dir dies vergegenwärtigst, bist du vielleicht plötzlich nicht mehr enthusiastisch und der Applaus und die wunderschönen Kostüme scheinen die vielen Opfer nicht länger aufzuwiegen.

Nimm dir Zeit und geh in dich. Stell dir genau vor, was du werden oder erreichen willst, besonders wenn du dein erstes Ziel erfolgreich hinter dir gelassen hast. Wissen ist Macht, also informiere dich über alle verfügbaren Einzelheiten deiner "Berufung". Folge deinem Herzen und geh in eine Richtung, die dir Spaß macht und dich erfüllt. Wohlstand und Überfluss werden dann nicht lange auf sich warten lassen.

Informiere dich und forsche nach. Sprich mit einer Person, die das erreicht hat, was du anstrebst, und hör gut zu, was sie sagt. Auch für dich stellte sich nämlich die Frage, was du bereit bist zu geben, damit Erfolg und Wohlstand in dein Leben einziehen können.

INNERE EINSTIMMUNG

"Ich weiß, dass ich eine bestimmte Aufgabe im Leben habe. Wenn ich auf dem richtigen Weg bin, offenbaren sich mir innere Freude und Erfüllung sowie grenzloser Überfluss."

VISUALISIERUNG

Such dir einen ruhigen und ungestörten Platz. Atme tief ein und aus und entspann dich von Kopf bis Fuß.

Stell dir vor, dein Idol steht direkt vor dir. Wenn du kein reales Vorbild hast, visualisiere eine fiktive Person, die das erreicht hat, was du erreichen willst. Fang eine Unterhaltung mit ihr an:

Bist du glücklich?

Warum hast du diesen Beruf gewählt?

Wie sieht dein Leben aus?

Welche Opfer musst du bringen?

Was braucht man, um auf diesem Gebiet oder in diesem Beruf Erfolg zu haben?

Wie lange dauern Ausbildung bzw. Lehrzeit?

Wie viele erwartungsvolle Berufsanfänger schaffen tatsächlich den Durchbruch?

Bist du zufrieden oder willst du immer noch mehr?

Behandeln dich alte Freunde inzwischen anders?

Wann hast du zum ersten Mal gewusst, was du wolltest?

Hat dich jemand ermutigt und dir geholfen?

Bedauerst du irgendwas?

Frag den Idol all das, was dir in den Sinn kommt, und hör auf die spontanen, intuitiven Antworten, die du empfängst.

Wiederhole die Visualisierung nach ein paar Wochen intensiver Suche nach dem, was du gerne machen möchtest. Gib dir genug Zeit, um herauszufinden, was deine speziellen Fähigkeiten sind und wie du deinen eigenen Weg gehen kannst. Mach dies einen realistischen Plan, wie du Schritt für Schritt dem gewünschten Ziel näherkommen kannst.

AFFIRMATION

"ICH ENTDECKE DEN SINN UND DIE BESONDEREN AUFGABEN MEINER LEBENSREISE. AUF DIESE WEISE FÄLLE ICH DIE RICHTIGE ENTSCHEIDUNG FÜR GLÜCK, WOHLSTAND UND ÜBERFLUSS."

TAGEBUCH

Denk immer daran, dass jeder Mensch einzigartig ist und der Weg zum Erfolg vollkommen unterschiedlich sein kann. Das Resultat mag jeweils ähnlich sein, aber niemand kann planen und vorhersagen, wie der individuelle Weg dorthin verlaufen wird.

Notiere die Antworten, die dir dein imaginäres Idol gegeben hat. Schreib auf, was für dich erfolg ist und was dir Spaß macht. Lies deine Aufzeichnungen noch mal, nachdem du nähere Informationen eingeholt hast und vergleiche. War deine Motivation lediglich finanziell orientiert? Sei ehrlich bei der Suche nach deiner Berufung im Leben, die dich herausfordert und erfüllt und dir eine erfolgreiche und sorgenfreie Zukunft verspricht.

25. DEINE LEBENSAUFGABEN

Das Leben geht seinen eigenen Weg. Dieser weise Satz erinnert mich immer wieder daran, wie schnell wir uns falsche Vorstellungen machen. Der Verstand hat sich einen bestimmten Plan zurechtgelegt, und wenn die Dinge nicht nach diesem Schema laufen, verliert er schnell die Orientierung. Er sieht zunächst nicht, dass es einen anderen, größeren Plan gibt, der viel besser als sein eigener ist. Doch was passiert, wenn das Schicksal dich in eine neue Richtung zwingt, an die du nie zu träumen gewagt hättest? Wenn das geschieht, wird dein Leben interessant und einzigartig.

Du kannst nicht exakt im Voraus planen, wie dein Leben verlaufen wird—all die Gelegenheiten, die sich für dich ergeben, und all die Menschen, die du scheinbar "zufällig" triffst. Niemand kennt seinen vorbestimmten Weg. Das Schicksal hat viel Spielraum, obwohl du erheblich dazu beiträgst, es für dich zu gestalten, willentlich oder auch nicht. Das Leben wird dadurch interessant, dass du nicht weißt, was noch alles auf dich zukommen wird. Diese Unbestimmtheit ist ein grundlegendes Kennzeichen des Lebens. Jeden Tag kann sich dein Total auf den Kopf stellen. Vielleicht gehörst du zu denen, die immer denken: "Ich erlebe nie wirklich etwas Aufregendes". Aber das ist ein fataler Irrtum.

> VIELE SPANNENDE MÖGLICHKEITEN WAREN AUF DICH.
> SIE SIND SPEZIELL AUF DICH ZUGESCHNITTEN.
> DU MUSST NUR DIE HERAUSFORDERUNG ANNEHMEN.
> UND FÜR ALLES GIBT ES DIE RICHTIGE ZEIT.

Sei also nicht enttäuscht und zwar dann, wenn du es am wenigsten erwartest und kurz vor dem Aufgeben bist. Vielleicht wird nur dein Vertrauen geprüft oder du solltest nur genügend Zeit haben, um dich gründlich vorzubereiten. Die Möglichkeiten sind endlos. Doch genau in dem Moment, in dem du denkst, alles sei gelaufen und der Zug sei ohne dich abgefahren, schlägt das Schicksal überraschend zu und verändert dein Leben auf der Stelle.

Manchmal sind solche Veränderungen jedoch nicht leicht zu bewerkstelligen. Um dich aus deiner Bequemlichkeit zu reißen, ist zuweilen ein kurzer Aufruhr notwendig. Vielleicht muss es dir erst sehr schlecht gehen, damit die Botschaft auch zu dir durchdringen und dich auf die richtige Spur lenken kann. Zahllose Möglichkeiten sind immer gegenwärtig.

Am besten gehst du durch solche Veränderungen mit einem offenen Geist. Eine verheerende Situation wie der Verlust eines sicher geglaubten Arbeitsplatzes kann unter Umständen in Wirklichkeit das Beste sein, was dir geschehen kann. Eine neue Gelegenheit kann schon am nächsten Tag auf dich warten. Es ist wichtig, dass du Augen und Ohren, vor allem aber deinen Geist, dem neuen gegenüber öffnest. Erkenne all die Möglichkeiten, die sich für dich auftun. Wenn du in Einklang mit deinem höheren Selbst lebst, wird aus deinem Leben ein ziemlich unterhaltsames Abenteuer, in dem letztlich alles zu deinem Bestem läuft.

Achte auf die verborgenen Hinweise. Du sollst bestimmte Lektionen lernen, und daher kommt nicht alles auf einem silbernen Tablett daher. Das wäre doch auch langweilig, oder? Beobachte aufmerksam, was geschieht, wenn du eine bestimmte Idee hast oder eine Frage in deinem Kopf auftaucht. Wenn du genau genug nachfragst, kommt die Antwort meistens sofort. Du kommst "zufällig" mit einer Person in Kontakt, die eine Antwort überbringt und dich zu deiner nächsten Aufgabe führt. Es kann überall und jederzeit geschehen. Die meisten Ereignisse, die das Leben verändern, geschehen vollkommen unerwartet.

Deshalb ist es wichtig, dass du mit allem rechnest. Nehmen wir an, du hast einen Traumberuf, den du ergreifen möchtest. Gegenwärtig deutet nichts darauf hin, dass dieser Traum jemals in Erfüllung gehen könnte. Was würde jedoch geschehen, wenn du heute die Person träfest, die dir auf der Stelle die Möglichkeit dazu erhoffen könnte? Hättest du den Mut, sie anzusprechen und ihre Fragen zu stellen? Könntest du die Gelegenheit nutzen, weil du genügend Selbstvertrauen hast, um die einmalige Chance auch zu ergreifen? In dieser Fähigkeit liegt das Geheimnis deines Erfolgs. Du solltest dich selbst kennen und wissen, was du willst, dann bist du am besten vorbereitet. Nicht nächste Woche oder nächstes Jahr, sondern heute... jetzt! Bevor du so weit bist, kannst du dich nicht beklagen, und wenn du bereit bist, ergreife die Gelegenheit und die Welt gehört dir. Sei offen und lass dich überraschen. Mit dieser Einstellung wird dein Leben zu einer einzigartigen und aufregenden Reise.

INNERE EINSTIMMUNG

"Meine Lebensreise unterscheidet sich von allen anderen.
Viele Abenteuer und Geschenke erwarten mich.
Ich bin offen und bereit, meine vorbestimmten Lebensaufgaben zu erfüllen
und die Gelegenheiten, die sich mir bieten, zu ergreifen. Alles ist möglich."

VISUALISIERUNG

Entspann dich und achte auf deinen Atem. Konzentriere dich ganz auf ihn. Mit jedem Ausatmen entspannst du dich tiefer und tiefer.

Lauche deinem Atem und stell dir vor, du befindest dich an einem wunderschönen Strand mit goldenem Sand. Der Ozean liegt tiefblau vor dir und jedes Mal, wenn du ausatmest, kommt eine große Welle auf dich zu. Du fühlst dich ruhig in deiner Mitte. Geh ein paar Schritte auf das Meer zu, bis deine Füße vom Wasser umspült werden. Die auslaufenden Wellen erfrischen dich. Wende dich nun nach rechts und mach einen Spaziergang am Meer. Nach einer Weile kommst du zu einer großen Tür. Öffne sie und schau nach, was sich hinter ihr verbirgt. Du blickst in deine gesamte Vergangenheit! Du siehst die ganze Zeitspanne von deiner Kindheit bit heute – all die harte Arbeit, die Opfer, die Errungenschaften, gute und schlechte Erfahrungen, Träume und Wünsche, die du dein ganzes Leben lang gehegt und gepflegt hast. Schau dir alles an, atme dann tief ein und aus und schließt die Tür. In Schlüsselloch steckt ein Schlüssel. Schließt die Tür ab und wirf den Schlüssel weit hinaus aufs Meer.

Geh nun am Strand in die entgegengesetzte Richtung. Nach einer Weine kommst du an eine wunderschöne goldene Tür. Öffne sie und schau ins Innere. Du siehst dich selbst, wie du glücklich, gesund und zufrieden bist und die Dinge tust, die du über alles liebst und dir immer gewünscht hast. Nimm dir die Zeit und genieß das Gefühl der vollständigen Erfüllung all deiner Wünsche und Träume. Hier hast du alles im Überfluss und deine Selle ist zutiefst befriedigt. Deine Träume sind wahr geworden, und du bist außer dir vor Gluck. Speichere dieses Bild tief in deiner Erinnerung. Mach die Tür nun zu, verschließ sie und heb den goldenen Schlüssel gut auf. Er gehört dir jetzt für immer. Dein Geist und dein Herz wissen nun, dass all deine Wünsche und Träume in Erfüllung gehen können. Vertrau dem göttlichen Plan und deiner auf vollkommene Weise vorgezeichneten Lebenslinie. Alles ist gut, du bist auf dem richtigen Weg.

Du kannst an deinen Strand zurückkehren und durch deine Tür in das Land schauen, in dem alle Träume wahr werden, sooft du willst. Dieses geheimnisvolle Land ist immer da, und du kannst es jederzeit aufsuchen.

Mach diese Visualisierung besonders dann, wenn dich selbstzweifeln, wenn eine große Veränderung ansteht oder du ganz allgemein unsicher hinsichtlich deiner Zukunft bist. Stell dir vor, dass du dich wohl fühlst und all deine Träume reichlich in Erfüllung gehen.

AFFIRMATION

"Ich vertraue der universellen Kraft,
die mir jeden Tag dabei hilft, meine Träume zu verwirklichen.
Ich danke für die Aufgaben,
vor denen ich in diesem Leben gestellt werde.
Mein Leben besteht jetzt und für alle Zeit
aus Fülle und Überfluss."

TAGEBUCH

Schreib die Gefühle auf, die du angesichts deiner Vergangenheit hast. Was bedauerst du und wann und wo warts du glücklich und voller Hoffnung? Halt fest, wie die Zukunft damals für dich aussah. hattest du eine klare Vorstellung und sahst dich glücklich, gesund und zufrieden? Wiederhole die Übung nach einiger Zeit, und achte auf mögliche Unterschiede in den Visualisierungen. Hältst du an deiner Vision auch dann fest, wenn die Zukunft anders geworden ist, als du sie dir vorgestellt hast? Se offen für neue Gelegenheiten und denk immer daran, dass es auf den richtigen Moment ankommt. Vergiss nicht die vielen Türen, die sich erst kürzlich in deinem Leben geöffnet haben. Und fixiere deine Blick nicht auf jene Türen, die du fuhr immer abgeschlossen hast.

TEIL VII.

WOHLBEFINDEN

Wohlbefinden für deine Selle

~ ALLES, WONACH ICH MICH SEHNE, IST IN MIR ~

26. WER BIST DU?

Wir leben in einer materiellen Welt. Visuelle Eindrücke gaukeln und vor, dass nur das einen Wert hat und Erfolg und Überfluss symbolisiert, was wir sehen und anfassen können. Der wahre Reichtum jedoch entspricht deiner Seele. In das verbogene Innere deiner Seele zu schauen und deinen inneren Reichtum zu entdecken, kann eine lebenslange Aufgabe sein.

Es gibt viele Bewusstseinsebenen und viele Rätsel, die darauf warten, gelöst zu werden. Nach und nach erinnern wir uns und das wissen, die Weisheit und den nie versiegenden Wohlstand, der uns immer zur Verfügung steht. Das Leben scheint ein langer Schlaf zu sein, in dem viele Träume auftauchen. Du wachst auf und weißt manchmal nicht, wer du bist und wo du bist. langsam jedoch, auf liebevolle Weise und mit viel Geduld, erwachst du zur Wahrnehmung deines höheren Selbsts. Deine spirituelle Identität und deine inner Kraft brechen immer mehr durch, bis du einen Tag die unausweichliche Erfahrung machen wirst, dass alles klar und offensichtlich und einfach zu verstehen ist.

Aber danach fällst du wieder in deinem Dämmerzustand, dass du ein behütetes Kind Gottes bist und für immer geliebt wirst. Du bist niemals allein, sondern spirituell mit allen Wesen verbunden. Ohne dich ist das große Bild unvollständig.

> OB DU AN REINKARNATION GLAUBST ODER NICHT,
> DEINE SPIRITUELLE IDENTITÄT IST EIN TEIL VON ETWAS SEHR ALTEM,
> UNSTERBLICHEM UND UNZERSTÖRBAREM.

Wie auch immer dein Leben konkret aussehen mag, Tatsache ist, dass du nur dieses eine Leben kennst, das du gerade führst. Du weißt nicht, wie sich eine andere Person am anderen Ende der Welt fühlt, die in völlig anderen Lebensumständen zu Hause ist. Aber du stehst mit ihr in geistiger Verbindung. Wenn du sie treffen und persönlich kennen lernen könntest, würdet ihr bestimmt Freundschaft schließen, und du würdest dich ihr gegenüber wie ein Freund verhalten. Sie wäre einfach zum Teil deines Lebens. Und wenn du nur dein Bewusstsein genügend ausweitest, kommst du zu dem Schluss, dass du von niemandem getrennt bist, sondern dass alle Menschen miteinander verbunden sind und sich diese Lebenszeit und diesen Lebensraum miteinander teilen.

Du hast mit jedem Menschen, der heute lebt, irgendetwas gemein, denn wir leben jetzt in der gleichen Welt. Diese Welt schenkt uns ihre Reichtümer, solange wir hier sind, aber wir müssen auf sie aufpassen und an unsere Kinder denken, die nach uns kommen. Der niemals endende Kreislauf von Wohlstand und Überfluss soll allen Menschen zur Verfügung stehen, denn wir werden alle mit gleichen Rechten geboren. Es ist unser Geburtsrecht, glücklich, gesund und wohlhabend zu sein. Nimm dir also, was dir zusteht, und lösch alle Zweifel, die durch deine Lebensumstände geprägt werden. Offne deine Sinne, wecke deine intuitive spirituelle Kraft und lass die Mächte des Universums dir den Weg zu deinem verdienten Erbe zeigen. wahrer spiritueller Reichtum steht dir jetzt und für alle Zeit zur Verfügung.

INNERE EINSTIMMUNG

"Ich werde im Inneren meiner Seele die Quelle allen Wohlstands und Überflusses öffnen. Ich trage einen unermesslichen Schatz an Information, Wissen und grenzloser Liebe in mir, der mich leitet und mir in jedem Moment meines Lebens hilft."

VISUALISIERUNG

Such dir einen ruhigen und ungestörten Platz und entspann dich. Atme tief ein und aus und fühl, wie du in einen Zustand tiefer innerer Ruhe sinkst.

Stell dir vor, du wärst in einem alten Schloss und säßest in einer großen Halle auf einem goldenen Thron. Du bist umringt von Menschen. Auf deinem Kopf sitzt eine Edelsteinbesetzte Krone und du trägst ein reich verziertes Gewand. Du bist der König mit seinem Hofstaat und aus einem bestimmten Anlass hier. Du entscheidest über das Schicksal einiger Menschen. Die Wachen bringen sie vor deinen Thron und verkünden die Übeltaten, die sie begangen haben. Du sitzt da und hörst zu. Ein Bettler in Lumpen nähert sich deinen Füßen. Sein Gesicht ist alt und müde, sein Körper von vielen Jahren des Hungers gezeichnet. Die Wachen erklären, dass dieser Mann beim Stehlen erwischt wurde und du musst jetzt über die Bestrafung entscheiden. Aber bevor du die Strafe aussprichst, endet die Visualisierung.

Atmen bewusst und verharre in einem Zustand tiefer Entspannung. Stell dir vor, du wärst in einem kleinen Dorf. Es ist kalt und regnerisch, und deine Kleidung ist schmutzig und zerrissen. Du hast großen Hunger, denn du hast schon seit Tagen nichts mehr gegessen. Du bist barfuß und deine Füße schmerzen. Du läufst an den kleinen Häusern entlang. Die Straßen sind verlassen, und du fühlst dich einsam und traurig. Du flüchtest von dem Regen unter dem Dach einer Eingangstür.

Plötzlich bemerkst du einen Korb mit Lebensmitteln in der Tür. Der Korb ist randvoll und dein Blick bleibt an einem großen Brotlaib hängen. Du denkst einen Moment lang nach, schnappst dir das Brot und beeilst dich weiterzukommen. Plötzlich jedoch kommen dir zwei Dorfwachen entgegen. Sie halten dich an und sehen das Brot in deinen Händen. Sofort bezichtigen sie dich des Diebstahls und schleppen dich weg, ohne dass du die Chance hättest, dich zu verteidigen. Kurz bevor dir klar wird, was geschehen ist, endet die Visualisierung. Entspann dich, atme tief und kehr zurück in die Gegenwart.

AFFIRMATION

"ICH BIN MIT ALLEM LEBEN UND ALLEN MENSCHEN VERBUNDEN
UND SENDE ALLEN LIEBE UND MITGEFÜHL OHNE ZU VERURTEILEN.
DIESE GRENZLOSE LIEBE IST MEINE GRÖSSTE KRAFT.
UND MEIN GRÖSSTER REICHTUM.
ICH BRAUCHE UND WÜNSCHE MIR NICHTS ANDERES."

TAGEBUCH

Wie hast du dich als König gefühlt?

Ist dir klar, wie leicht du die Macht, die dir gegeben ist, missbrauchen kannst?

Verstehst du die Situation des Bettlers?

Würdest du ihn streng aburteilen?

Würdest du glauben, du besäßest göttliche Macht?

Beaches nun deine Gefühle als Bettler.

Würdest du alle Wohlhabenden und Reichen hassen?

Wärst du verzweifelt?

Hättest du das Gefühl, Gott habe dich verflucht?

Distanziere dich nun von beiden Situationen.

Was hast du hinsichtlich Urteilsvermögen, Glauben und Realität daraus gelernt? Und was hinsichtlich des Einflusses der Umstände auf dein Verhalten?

Visualisiere, wie du dich in die Situation verschiedenster Menschen versetzt und ehrlich dein Verhalten in verschiedenen Situationen beobachtest. Versuch zu verstehen, wer du wirklich bist und was aus dir werden könnte, wenn das Leben dich auf eine andere Reise mitnimmt.

Denk immer daran, dass wahrer Wohlstand nur im Reichtum deiner Seele zu finden ist.

27. WOHIN FÜHRT DICH DEINE REISE?

Du bist einzigartig, und niemand hat den gleichen Lebensweg wie du. In manchen Phasen scheint deine Lebensreise ein mysteriöses Geheimnis zu sein. Wer weiß, wie du dich fühlen würdest, wenn dir immer die ganze Wahrheit offenbart wurde? Eine mögliche Wahrheit ist jedenfalls, dass du dir dieses Leben ausgesucht hast, um dir deine Wünsche zu erfüllen, die Lektionen des Lebens zu lernen, Schwachpunkte zu überwinden und deine kühnsten Träume zu verwirklichen. kannst du das nachvollziehen oder gibst du dir selbst die Schuld an dummen Entscheidungen und schwierigen Umständen? Das Leben stellt dir nur vor die Aufgaben, die du auch bewältigen kannst. Wenn du eine bestimmte Situation nicht länger aushalten glaubst, erhältst du die ersehnte Pause. Hast du etwas aus deiner Erfahrung gelernt? Wahrscheinlich ja. Und höchstwahrscheinlich bist du hinterher glücklich, dass du durch diese schwierige und vielleicht auch schmerzliche Erfahrung gegangen bist, nur dadurch wurdest du zu dem, der du bist.

WARUM STELLEN WIR UNS DAS LEBEN NICHT WIE EIN GROSSES PUZZLE VOR. MIT DER ZEIT FÜGST DU ALLE TEILE DORT EIN, WO SIE HINGEHÖREN. JEDE ERFAHRUNG BEREITET DICH AUF DEN NÄCHSTEN SCHRITT VOR.

Wann hat das alles angefangen? In dem Moment, in dem du geboren wurdest. Wenn du selbst Kinder hast, verbringst du wahrscheinlich eine Menge Zeit mit ihnen. Ihr tauscht euch aus und du bringst ihnen alles bei, was du kannst. Achtest du auch auf ihre Individualität und auf die jahrtausendealte Weisheit, die sie augensichtlich mitgebracht haben?

Manchmal sagen sie ohne große Umschweife Dinge von größerer Bedeutung, die dich tief im Herzen berühren. Ohne zu zögern stellen sie Fragen, die kein Erwachsener zu stellen wagen würde. Sie schauen dir unschuldig in die Augen und erwarten eine Antwort. Ein Kind weiß viel mehr, als du denkst. Auch du wusstest in diesem Alter mehr, als du dir jetzt vorstellen kannst. In einer bestimmten Art wusstest du damals sogar mehr, als du heute weißt. Tief in deinem Inneren weißt du bereits seit jeher, wie deine Reise aussieht. Du wusstest, was du wolltest und warst dir absolut sicher, dass es eintreten würde. Du hattest niemals die geringsten Zweifel. Wohl niemand hat je ein Kind sagen hören: "Wenn ich groß bin, werde ich Feuerwehrmann. Habe ich jedenfalls vor. Wahrscheinlich wird es jedoch nichts werden."

Das Kind ist sich absolut sicher, dass es Feuerwehrmann wird. Es sei denn, es sucht sich einen anderen Beruf aus. Aber auch dann glaubt es unbeirrbar ab seinem Erfolg. Für Kinder ist es vollkommen logisch, dass das, was man will, auch eintritt.

Sich an den Anfang des eigenen Lebens zu versetzen und sich erneut das intuitive Wissen seiner Kindheit anzuschauen, kann sehr heilsam und bestzuparkend sein. Du kannst bis zu dem Alter zurückgehen, in dem du dir absolut sicher warst, dass du erfolgreich sein wirst. Du warst die sicher, dass du alles erreichen würdest, was du dir vornimmst. Dein Geist war völlig frei von Zweifeln.

Such in deiner Vergangenheit nach Hinweisen, die dir helfen, deine Lebensreise aus einer inneren Gewissheit herauszubetrachten, die deiner Seele schon immer innewohnt. Erinnere dich an deine stets gegenwärtige innere Stimme und hör auf das, was sie dir sagen will.

INNERE EINSTIMMUNG

"Ich werde in meine Vergangenheit zurückgehen und mich daran erinnern, was als Kind mein größter Wunsch gewesen ist. Er ist ein Hinweis darauf, in welche Richtung die Reise meines Lebens gehen sollte, um Wohlstand und Überfluss zu manifestieren."

VISUALISIERUNG

Such dir einen ruhigen und ungestörten Platz. Entspann dich und atme tief ein und aus. Mit jedem Atemzug entspannst du dich tiefer.

Geh zurück in die Zeit, als du neun Jahre alt gewesen bist. Wo lebst du? Schau dir dein Zimmer an. Erinnere dich an die Einrichtung. Schau dir deine Bücher an und den Tisch, an dem du deine Hausaufgaben gemacht hast. Was war deine Lieblingsessen? Kannst du dich daran erinnern, was du am liebsten angezogen hast?

Bist du allein oder hast du Geschwister? Hast du ein Haustier? Ein Lieblingsspielzeug? Schau dir beim Spielen zu. Was ist dein Lieblingsspiel? Hast du Freunde, mit denen du spielst? Hast du einen Bereich im Haus oder im Garten, wo du dein Lieblingsspiel spielen kannst? Bist du glücklich? Was ist dein größter Wunsch? Liest du gerne? Hast du nur Unfug im Sinn? Bekommst du leichte Schwierigkeiten? Was willst du werden, wenn du groß bist?

Erinnere dich an möglichst viele Einzelheiten, auch wenn sie unwichtig zu sein scheinen. Wolltest du ursprünglich etwas anderes werden als das, was du jetzt willst oder bist?

Was ist dein größter Wunsch? Nimmt jemand deinen Wunsch zur Kenntnis? Findet er ihn interessant oder überhört er ihn einfach? Ermutigen dich deine Eltern, deine Wünsche in die Tat umzusetzen? Was ist die glücklichste Zeit, an die du dich erinnern kannst? Was ist die größte Strafe, die du erhalten hast, und wofür war sie? Lachst du gerne oder bist du eher schüchtern? Was macht dir am meisten Spaß?

Behalt die Antwort in Gedächtnis und lass die Erfahrung los, die dir Freude gemacht hat. Entspann dich einen Komm zurück in die Gegenwart.

AFFIRMATION

"ICH ERINNERE MICH AN DAS, WAS ICH WOLLTE, ALS ICH KLEIN WAR. ES GEHÖRT ZU MEINER LEBENSAUFGABE, DIESE ALTEN WÜNSCHE TEILWEISE ODER GANZ ZU ERFÜLLEN UND DIE LEBENSUMSTÄNDE ZU GENIESSEN, DIE ICH MIR GEWÜNSCHT HATTE."

TAGEBUCH

Schreib die Gefühle auf, die du als Kind gehabt hast. Beantworte ehrlich alle Fragen der Übung.

Denk an deine Wünsche und Träume, die du als Kind hattest.
Sind welche von ihnen wahr geworden?
Was könntest du jetzt tun, um dir alte Wünsche zu erfüllen?
Siehst du eine parallele oder irgendeine Ähnlichkeit zwischen den Träumen deiner Kindheit und deiner heutigen Realität?
Hältst du alles für unmöglich?
Woher kommt diese Einstellung?

Nimm dir genügend Zeit und bemühe dich, deinen Kindheitstraum wenigstens teilweise auszuleben. Achte darauf, was für ein Gefühl sich dabei einstellt. Sei nett zu dir selbst und hab Geduld mit dir. Vertraue einfach der Reise deiner Seele.

Du kannst eindeutig spüren, wo das Glück in deinem Herzen angesiedelt ist. Versprich dir, seine Stimme zu fügen und keine Entscheidung im Leben ohne sie zu treffen.

28. DEINE VISION

Auf den zurückliegenden Seiten hast du bereits viele Visualisierungen durchgeführt. Indem du dir die Zukunft vorstellst, beeinflusst du zukünftige Ereignisse. Nachdem du die Kunst der Visualisierung beherrschst, kannst du nun zur nächsten Bewusstseinsstufe übergehen. Hier geht es um die Wirksamkeit der inneren Vision. Einer der wahren Reichtümer der Seele liegt in ihrer Fähigkeit, weit in die Zukunft hineinsehen zu können, um das zu fühlen und zu erahnen, was die Zeit für dich bereithält.

Du fragst dich vielleicht, worin der Unterschied zwischen Visualisierung und Vision besteht? Nun, die Vision ist deine Fähigkeit, ein fernes Gesamtbild zu sehen, ohne es willentlich herbeizuführen. Wenn du einen Zustand tiefer Entspannung und hoher Konzentration erreicht hast, betrittst du das Feld außersinnlicher Wahrnehmung. Viele beeindruckende Empfindungen können in diesem Zustand auftreten und du vermagst die Erfahrung einer tiefen inneren Vision zu machen. Hattest du jemals von einem Moment auf den anderen eine spontane Vision von etwas, an das du nie zuvor gedacht hast? Und dennoch konntest du für wenige Sekunden das gesamte Bild sehen.

> DAS SCHAUEN EINER VISION KANN EINE ZUTIEFST ERLEUCHTENDE ERFAHRUNG SEIN. SIE VERSCHLÄGT DIR DEN ATEM, UND DU WIRST IHR AUCH NICHT NÄHERND DADURCH GERECHT, DASS DU VERSUCHST, SIE ANDERS ZU BESCHREIBEN.

Eine Vision kann dir in einem Moment offenbart werden, in dem du überhaupt nicht damit rechnest, solange du entspannt bist und offen dafür bleibst, die göttliche Botschaften deine Seele zu empfangen. Eine große Idee kann die Form einer Vision annehmen, oder deine eigene weit entfernte Zukunft erscheint plötzlich von deinem inneren Auge. Tief in deiner Seele weißt du ohne jeden Zweifel, dass diese Vision wahr ist und irgendwann Realität werden wird. Sie wartet auf dich in der Zukunft.

Wir alle wünschen uns jederzeit Zugang zu dieser Art von Vision zu haben. Über tiefe Zustände von Entspannung und Meditation erreichst du schließlich dieses Ziel. Es ist wichtig, dass du geduldig und entspannt bist und du keine Erwartungen hast, sondern geistig für alles offen bleibst. Mach dir schriftliche Aufzeichnungen, wenn dir eine Vision offenbart wurde. Kehre zum geistigen Bild zurück und untersuche jedes Detail, das in deiner

Erinnerung gespeichert ist. Es ist vergleichbar mit der Rückschau auf einen Traum. Sofort nach dem Aufwachen erinnerte du dich besser an ihn als zu einem späteren Zeitpunkt. Es ist immer wertvoll, eine Vision schriftlich festzuhalten, unabhängig davon, wo du gerade bist und was du gerade tust. Zuerst hast du den Eindruck, dass du dich für immer an das erinnern wirst, was du gesehen hast. Wenn du aber zu lange damit wartest, das Erlebte aufzuschreiben, verschwinden die Bilder in eine neblige Ferne und du ärgerst dich schließlich, dass das Geschenk nicht richtig in Empfang genommen hatt.

Ein Geschenk, das darin bestand, dass die göttliche Intelligenz dir einen kurzen Einblick in deine mögliche Zukunft gewährt hat: "Du kannst dorthin gelangen und dein Ziel erreichen, wenn du weiter auf diesem Weg voranschreitest, um deine Lebensaufgabe zu erfüllen."

Du siehst also eine Vision zu haben, ist ein wichtiger Teil in dem Bemühen, sich eine leuchtende Zukunft zu schaffen. Erkenne, warum du auf diese Eelt gekommen bist und arbeite in Einklang mit dem Universum, um deine Lebensaufgabe herauszufinden und in die Tat umzusetzen.

INNERE EINSTIMMUNG

"Ich möchte an die Tür des Göttlichen klopfen und einen Blick in meine leuchtende Zukunft werfen, um zu sehen, wohin meine vorgezeichnete Reise geht."

VISUALISIERUNG

Such dir einen ruhigen und ungestörten Platz. Entspann dich und atme rief ein und aus. Mit jedem Atemzug entspannst du dich tiefer, bis du in einen Zustand völliger Entspannung bust. Konzentriere dich auf dein drittes Auge und bleib dabei entspannt. Frag dich in welchem Lebensbereich du am dringendsten Hilfe benötigst. Wenn du die Antwort spürst, schreib sie auf und beginn mit deiner Entdeckungsreise. Du bist jetzt detektiv in eigener Sache. Du musst alles zu diesem bestimmten Thema in Erfahrung bringen.

Wenn die Antwort "Beruf" war, finde ich alles heraus, was für deine Arbeit wichtig ist. Welche Berufe stehen dir zur Verfügung? Geh in die Bibliothek, schau ins Internet, trage alles zusammen, was dich an einer bestimmten Tätigkeit interessiert und stell dir, so gut du kannst, vor, wie es ist, in diesem Beruf zu arbeiten. Wenn du auf irgendetwas stößt, was dir ins Auge sticht oder dir vertraut zu sein erscheint, halt inne und schau es dir genau an. Informiere dich so gut wie möglich und gib deinem Geist die Möglichkeit, sich ins kleinste

Detail hineinzuversetzen. Sammle viel Bildmaterial, damit du eine klare Vorstellung von dem entwickeln kannst, was dich interessiert.

Wenn du an Beziehungen interessiert bist, erforsche alles zu diesem Thema. Erweitere deinen Horizont und werde mit allen Beziehungsbereichen vertraut. Falls ein Bereich für dich besonders herausfordernd ist, bitte deine Seele immer wieder, dir eine innere Vision zu zeigen und einen Moment klarer Selbsterkenntnis auszulösen. Stimuliere deine Vorstellungskraft und erweitere dein Wissen. Wenn du dich selbst mit dem notwendigen Material und der benötigten Information versorgst, wirst du einen Tag, wenn du nicht damit rechnest, eine Vision geschenkt bekommen. Deine Vorarbeit bereitet die Grundlage, auf der die Vision in Erscheinung treten kann.

AFFIRMATION

"ICH ERWEITERE MEIN BEWUSSTSEIN UND BIN OFFEN DAFÜR, EINE VISION ZU EMPFANGEN."

TAGEBUCH

Halt jeden Bereich fest, der dir auf deiner inneren Suche interessant erscheint.
Notiere alle Entdeckungen und Beobachtungen.

Analysiere deinen Fall präzise und achte auf die Information, die dir nicht mehr aus dem Kopf geht.

Notiere alle Ideen, die dir einfallen, und alle Erinnerungen, die in dir aufsteigen.
Sei bei deinen Nachforschungen geduldig und ausdauernd.
Erweitere dein Interessengebiet und halte Ähnlichkeiten fest, die sich dir aufdrängen.
Wiederhole diese Übung nach einiger Zeit und beobachte neue Entwicklungen.
Welche Veränderungen sind in deinem Leben durch die Nachforschungen zustande gekommen?
Verstehst du deinen Lebensweg nun besser?

Spiritueller Überfluss ist dein Geburtsrecht, und wenn du bereit bist, zu empfangen, wird sich die Vision zeigen.

29. DEINE QUELLE

Manche Menschen leben in ständiger Angst vor Armut, während andere über ihre Verhältnisse leben, als ob der Geldstrom niemals versiegen könnte. In beiden Fällen zeigt sie eine tief sitzende Unfähigkeit, sich ausreichend um sich selbst und seine Bedürfnisse zu kümmern.

Wenn du es recht überlegst, brauchst du eigentlich nicht viel, um zu überleben. Würdest du auf einer unbewohnten Insel gestrandet, würdest du dich zuerst nach Nahrung und einem geschützten Platz für dich und deine Familie umschauen. Alles andere wäre für dich uninteressant; du müsstest dich um nichts weiter kümmern. Keine großen Einkaufszentren, keine Kreditkartenrechnungen, keine Miet- und Zinszahlungen.

Heutzutage scheint sich alles nur ums Geld zu drehen. Wie viel Geld verdienst du und was kannst du dir leisten? Hast du ein großes Haus, ein schickes neues Auto und bist du immer nach der letzten Mode gekleidet? Solche Sorgen machen sich jedoch nur vergleichsweise wenige. Auf der anderen Seite des Spektrums kämpfen Menschen um ihr tägliches Überleben. Wovon kann ich meine Miete bezahlen, woher kommt der nächste Scheck, kann ich mir weiterhin eine Krankenversicherung leisten? Es gibt viele in Armut lebende Menschen, die nur darauf warten, dass sich jemand ihrer annimmt. Viele sind in ihrer Sucht gefangen, durch die sie in diese Situation gekommen sind, aber viele sind auch einfach nur in unserer materiellen Welt verloren.

> EINER DER SCHLÜSSEL ZU EINEM WENIGER STRESSVOLLEN UMGANG MIT GELD IST EINFACHHEIT. VEREINFACHE DEIN LEBEN UND ÜBERHÄUFE DICH NICHT MIT UNNÖTIGEN DINGEN.

Ein neues Paar Schuhe macht dich nur für ein paar Minuten glücklich, und der Kauf eines neuen Autos kann die schlechteste ökonomische Entscheidung sein, die du triffst. Nur immer auf das nächste Gehalt zu warten und blind Dinge zu tun, von denen du nichts hast, ist keine Art zu leben.

Stell dir vor, du wärst jemand anderes und würdest dich anschauen. Betrachte deine Lebenssituation mit den Augen eines außenstehenden Beobachters. Vielleicht hält dein Armutsbewusstsein dich in einer Situation, in der du ständig Geldprobleme hast. Oder deine

Kaufwut ist ein verzweifelter Versuch, ein emotionales Bedürfnis zu befriedigen. Wenn du jetzt nicht handelst, schaufelst du dir dein finanziellen Grab. Die meisten von uns machen sich nicht klar, dass äußerst wohlhabende Menschen oft den gleichen finanziellem Stress haben wie die, die scheinbar nichts besitzen. Die vielen materiellen Spielzeuge fordern ihren eigenen Preis. Diese scheinbar reichen Leute haben die gleichen Geldsorgen wie der Durchschnittsbürger, nur im größeren Ausmaß. Anstatt jeden Monat 1500 Euro an Miete zahlen zu müssen, liegt ihre Belastung halt bei 15,000 Euro. Unterschiedliche Zahlen, aber die gleichen Kopfschmerzen.

In beiden Fällen sollten wir nicht zulassen, dass finanzieller Stress unser Leben belastet. Vielleicht ist es an der Zeit, dass dein Ego den Weg frei macht. Es kann sehr heilsam sein, zu sehen, wer noch mit dir zu tun haben will, wenn du aufhörst, permanent die Rolle des großzügigen Gastgebers zu spielen. Die, die bleiben, sind deine wahren Freunde.

Mach dir Gedanken darüber, wie du heute noch damit anfangen kannst, dein Leben zu vereinfachen. Statt Einkaufsorgien zu Fönen kannst du Zeit mit dir selbst verbringen und anfangen, dich kennenzulernen. Jeder von uns hat Zugang zur nie versiegenden Quelle des wirklichen Wohlstands. Du kannst jederzeit und überall von ihr trinken. Überfluss in allen Lebensbereichen liegt direkt vor deiner Nase. Um Wohlstand und Überfluss im Leben genießen zu können, musst du jedoch auf deine innere Stimme hören. Sobald du erkennst, dass Wohlstand in Wahrheit ein bestimmter Energiefluss ist, wird sich dein Leben schlagartig verändern. Solange du jedoch kampfhaft an etwas festhältst und nicht loslassen kannst, ist die Wahrscheinlichkeit groß, dass du es verlieren musst, um eine wertvolle Lektion zu lernen.

Wenn du lernst, von Herzen aus zu geben, empfängst du auch vom Herzen. Der empfangende Teil des Energieflusses öffnet sich nur dadurch, dass du die von ausströmende Energie aktivierst. Der Energiekreislauf muss in beide Richtungen fließen. Die Energie von Wohlstand und Überfluss ist mit Aktivität und Bewegung verbunden. Du gibst Energie und empfängst Energie. Ob Geld zu dir kommt oder dir etwas geschenkt wird, jemand liebevolle Worte zu dir sagt oder eine mitfühlende Geste in deine Richtung macht- der geben Energiefluss fließt dann auf dich zu, wenn du ihn öffnest und aktivierst. Der freie Fluss von Energie kennt keine Grenzen, die Kraft der Sonne ist unerschöpflich. Über der Wolke des Zweifels scheint sie pausenlos jeden Tag.

INNERE EINSTIMMUNG

"Ich weiß, dass es eine universelle Quelle für allen Wohlstand und Überfluss gibt.
Sie gehört uns allen und steht und ist ständig zur Verfügung.
Ich bin bereit, mich wieder mit der unerschöpflichen Quelle für Wohlstand und Überfluss zu verbinden."

VISUALISIERUNG

Entspann dich und atme tief. Beruhige deine Gedanken, in denen du auf deinen Atem hörst. Stell dir vor, du bist in einem wunderschönen Garten. Wohin du auch schaust, siehst du prächtige Blumen, deren leuchtende Färben dich betören. Überall ist pralles Leben. Blüten von makelloser Schönheit wiegen sich in der Leichenbrise und du genießt den Anblick reiner Pracht.

Der Garten gehört dir. Geh darin spazieren. Beobachte die Blumen und die Schmetterlinge, die von Blüte zu Blüte fliegen und Nektar trinken. Saug den einzigartigen Duft ein, der in der Luft liegt. Diese unbeschreibliche Schönheit in deiner unmittelbaren Umgebung scheint buchstäblich überzuquellen. Es ist ein Leben in Hülle und Fülle.

In der Mitte des Gartens steht ein alter Brunnen. Geh näher heran und wirf einen Blick in ihn hinein. Tief unten hängt ein goldener Eimer, der nur darauf wartet, gefüllt zu werden. Lass ihn ein Stück hinunter, sodass du mit ihm Wasser schöpfen kannst. Zieh nun das goldene Seil, an dem der volle Eimer hängt, nach oben. Es dauert nicht lange, und der Eimer befindet sich in deinen Händen. Das Brunnenwasser ist kristallklar. Am Eimer hängt ein goldener Becher, damit du kosten kannst. Nimm einen Schluck Wasser und stille deinen Durst. Das Wasser schmeckt besser als alles, was du jemals getrunken hast. Du weißt jetzt, dass du niemals mehr durstig sein wirst. Dies ist der Brunnen deines Wohlstands im Garten deiner Seele. Es ist ein göttlicher Brunnen, der niemals versiegt. Er hat immer ausreichend Wasser. Du brauchst nur den Eimer zu finden, ihn aufzufüllen, nach oben zu ziehen und trinken.

Diese Übung hilft dir, dich mit dem Bewusstsein des Wohlstands zu verbinden. Wenn du einen Mangel verspürst, mach dir klar, dass dieser Mangel nur in deiner Vorstellung existiert. sei aufmerksam und schau nach innen. Dort in deiner Seele findest du den Brunnen unendlicher Fülle.

AFFIRMATION

"ICH HABE ZUGANG ZU UNBEGRENZTEM WOHLSTAND.
ICH HÖRE AUF MEINE INNERE STIMME, DIE MICH ZU UNERMESSLICHEM
ÜBERFLUSS IN ALLEN LEBENSBEREICHEN FÜHRT."

TAGEBUCH

Wie wohl fühlst du dich mit deinem bisherigen Leben?

Was bedeutet dir Wohlstand und an was musst du spontan denken, wenn du dieses Wort hörst?

Betrachtest du dich selbst als seelisch reich?

Mochtest du gerne deinen Wohlstand erhöhen? Wenn ja, Scheib eine Wunschliste.

Welche Veränderungen in deinem Leben würde ein erfüllter Wunsch mit sich bringen?

Wie könnte dein erster Schritt in Richtung mehr Wohlstand und Überfluss aussehen?

Mach die Visualisierung und achte darauf, wie bestärkt du dich seelisch fühlst, wenn du dich bewusst mit der universalen macht des Überflusses verbindest.

Wiederhole die Übung nach einer Woche und schau die alle Veränderungen an, die in deinem Leben als Resultat deines veränderten Bewusstseinszustands eingetreten sind.

30. DEINE ZUKUNFT

Was erträumst du dir von deiner Zukunft? Wenn dich jemand fragte, wer in der Vergangenheit deine Entscheidungen getroffen hat, würdest du dann zugeben, dass du es gewesen bist? Und wie sieht es mit deiner Gegenwart aus? Entscheidest du nicht, was du wo und wann und mit wem tust? Ja, du hast die Wahl. Und was, denkst du, wird in der Zukunft geschehen? Du wirst wieder derjenige sein, der Entscheidungen trifft und das Umfeld gestaltet.

Wie sehr du auch versuchen magst, dich aus der Verantwortung zu stehlen und alles auf die Umstände zu schieben, du wirst nicht umhinkommen, diese Tatsache anzuerkennen. Manche Menschen neigen dazu, nur die guten, mutigen und erfolgreichen Unternehmungen im Leben als Verdienst für sich in Anspruch zu nehmen, während andere ständig sich selbst die Schuld für alles geben, was im Leben schief geht.

> BIST DU OBJEKTIV GENUG, UM DICH FÜR DIE GUTEN DINGE ZU LOBEN UND AUCH VERANTWORTUNG FÜR WENIGER POSITIVE ENTSCHEIDUNGEN ZU ÜBERNEHMEN?

Die Umstände spielen eine große Rolle und die Mitwirkenden im Erdendasein haben starken Einfluss auf dich, aber letzten Endes entscheidest du, wie dein Leben aussieht. Triff immer die beste Entscheidung, die du treffen kannst und beobachte, wie sich dein Leben daraus entwickelt. Das ist das Beste, das du zu dieser Zeit an diesem Ort zu tun vermagst. Aber vergiss nicht, dass du deine Träume verwirklichen kannst, wenn du die Begrenzungen loslässt, die du dir geistig gesetzt hast.

Wer trifft die Entscheidungen? Weißt du überhaupt, was du willst? Was hält dich zurück? Deine intuitive innere Stimme oder die kontrollierende Gegenwart eines anderen Menschen? Nimm dir Zeit für dich selbst und hör in dich hinein. All deine Wünsche und Träume, was ist mit ihnen? Sprich sie laut aus, schreib sie auf ein Blatt Papier und stell dir vor, sie werden Wirklichkeit. Jetzt bist du bereit, Verantwortung zu übernehmen und der Schöpfer deines Lebens und deiner Zukunft zu sein.

INNERE EINSTIMMUNG

"Ich werde bewusst positive Entscheidungen treffen für eine Zukunft in Wohlstand und Überfluss."

VISUALISIERUNG

Such dir einen ruhigen und ungestörten Platz. Entspann dich und atme tief und langsam ein und aus. Mit jedem Atemzug entspannst du dich mehr. Stell dir vor, du sitzt auf einem Stuhl in einem leeren Raum. Vor dir befinden sich drei Spiegel. In jedem kannst du dich sehen.

Schau innen ersten Spiegel. Dieser Spiegel zeigt dir das Leben, das du gegenwärtig führst. Deine Arbeit, dein Familienleben, deinen Partner oder deine Partnerin, deine Eltern, deine Finanzen und deinen Alltag. Betrachte dich am Morgen und spiel deinen ganzen Tagesablauf durch. Hast du Freude am Leben? Bist du glücklich? Achtest du auf deine Gesundheit? Gönnst du dir regelmäßige Ruhepausen? Frag dich, was morgen anders sein wird. Wo wirst du enden, wenn du so weitermachst wie bisher? Schließt die Augen und betrachte das geistige Bild.

Schau nun in den zweiten Spiegel. Dieser Spiegel zeigt dein Leben, wenn du auf Nummer sicher gehst und es anderen recht machst. Was wird von dir erwartet? Wie viele Verpflichtungen hast du? Schau dir an, wie du anderen die Kontrolle über dein Leben gibst. Wie fühlst du dich dabei? Ärgerst du dich über dich selbst und bist du enttäuscht, weil du so schwach bist? Wie steht es um deine Gesundheit? Kommt dir jemals ein Lächeln über die Lippen? Bist du glücklich? Wo siehst du dich hinkommen, wenn du in dieser Richtung weitermachst? Schließt die Augen und betrachte das geistige Bild.

Schau nun in den dritten Spiegel. Dieser Spiegel zeigt, wie dein Leben aussieht, wenn du deinen geheimen Wünschen und Träumen folgst. Was tust du? Welche Menschen sind in deinem Leben? Wo bist du? Wie sieht dein Tag aus? Bist du glücklich? Wenn ja, was macht dich glücklich? Wie sieht es um deine Gesundheit? Teilst du dein Glück mit anderen? Hilfst du anderen? Wo siehst du dich in ferner Zukunft, wenn du auf diesem Weg weitergehst? Schließt die Augen und entspannt dich. Betrachte das geistige Bild.

AFFIRMATION

"ICH BIN BEWUSST, WELCHE MACHT ENTSCHEIDUNGEN ICH HABE. ICH HÖRE AUF MEINE INNERE STIMME UND TREFFE MEINE ENTSCHEIDUNGEN MIT DEM VERSTAND UND AUS DEM HERZEN."

TAGEBUCH

Halt fest, wie es dir mit den drei Spiegeln ergangen ist. beantworte die Fragen der verschiedenen Lebensentscheidungen, die den einzelnen Spiegeln entsprechen, und achte auf den Unterschied.

Schaff nun auf einem neuen Blatt eine Mischung aus allen notwendigen Elementen der drei Entscheidungsmöglichkeiten und erzeuge eine neue Version der Realität. In dieser Wirklichkeit folgst du deinem Herzen und deinen Träumen, erfüllst die Verpflichtungen gegenüber anderen und verstärkst die positiven Seiten deiner gegenwärtigen Situation. Überleg dir einen Kompromiss, sodass alles harmonisch gedeihen kann. Dieses neue Muster bestimmt von nun an deinen Lebensweg. Nimm kleine Veränderungen vor und integriere diese Ideen in deinen Alltag. Achte nach ein paar Wochen darauf, wie sich deine Begeisterungsfähigkeit gesteigert hat und du das Gefühl hast, bewusst deine Lebensreise zu gestalten.

TEIL VIII.
SCHUTZ

Schutz für deinen Körper

~ ICH SCHÄTZE MEINEN PHYSISCHEN KÖRPER ~

31. DEIN KÖRPER

Bestimmt hast du schon mal die Situation erlebt, dass du in ernsthafter Geharft gewesen bist. Vielleicht bei Autofahren oder während des Aufenthalts in einer gefährlichen Gegend, vielleicht sogar während einer Naturkatastrophe. Es gibt Momente im Leben, in denen sich die Gefahr nicht vermeiden lässt. Anstatt sich von Angst und dem Gefühl der Hilflosigkeit überwältigen zu lassen, kannst du jedoch aus einer solchen Situation mit einer einfachen, aber kraftvollen Technik das Beste machen.

Die elektromagnetische Aura, die deinen Körper umgibt, ist dein energetischer Schutzschild. Sie absorbiert die Schwingungen deiner Umgebung und reagiert entsprechend. Wenn du es mit der Angst bekommst, schließt sich dein drittes Chakra (siehe Seite 31), das mit diesen Gefühlen verknüpft ist. Wenn du verliebt bist, öffnet sich sehr wahrscheinlich dein Herzchakra. Es dehnt sich aus und verbindet sich mit der ätherischen Energie der geliebten Person. Wenn du eine öffentliche Rede hältst, verstärkt sich dein fünftes Chakra, denn es ist der Sitz deiner Stimme. Sobald dein Geist sich dessen bewusst ist, kann er die Energie deines Körpers beeinflussen und lenken.

> UM DEINE AURA ZU AKTIVIEREN UND ZU VERSTÄRKEN, MUSST DU DICH BEWUSST MIT DEINEN ENERGIEZENTREN VERBINDEN.

Du befindest dich zum Beispiel gerade auf einer Reise. Unterwegs zu sein, ist für viele Menschen mit einem Gefühl des Unbehagens verbunden. Die Menschenmenge auf dem Flughafen oder am Bahnsteig kann bedrohlich wirken. Es bedarf einer bestimmten geistigen Verfassung, um sich auf diese Art von Umgebung einlassen zu können. Leben und Arbeiten in einer großen Stadt bringen ebenfalls gewisse Nachteile mit sich. Überfüllte Fußwege und Rolltreppen stören das energetische Gleichgewicht des Körpers. Auf überfüllten Straßen zur Arbeit zu fahren, führt auch zu energetischer Anspannung. Andrang und Lärm in einem Einkaufszentrum können dich energetisch aussaugen. Wenn du dich jedoch bewusst darauf vorbereitest, kommt dein körperliches Energiefeld leichter mit unharmonischen Situationen zurecht.

Nicht vergessen sollten wir an diesem Punkt die Tatsache, dass du dein Energiefeld reinigen kannst, indem du einfach eine Dusche nimmst. Noch über eine Stunde danach ist deine Aura empfindsam und empfänglich. Daher empfiehlt es sich, danach nicht gleich in ein gestörtes

Umfeld zu gehen, das an Ihre Energie saugt. Mach es dir zur Gewohnheit, dir ein paar ruhige Minuten zu gönnen, wenn du dich auf den Tag vorbereitest. Du wirst feststellen, dass dann alles nicht so stressvoll ist und du auf einem höheren Energieniveau bist und produktiver arbeiten kannst. Nimm dir am Morgen, bevor du das Haus verlässt, ein wenig Zeit für die nachfolgende Visualisierung und erzeuge ein kraftvolles Energiefeld und deinen Körper.

Diese Übung kann morgens das erste sein, was du tust, aber du kannst sie auch den gesamten Tag über praktizieren, wenn du das Gefühl hast, dass deine Energie absinkt. Du wirst einen starken energetischen Schutzschild, um deinen gesamten Körper zu legen. Dieser Schutzschild hilft dir, dein Energieniveau zu halten.

INNERE EINSTIMMUNG

"Ich nehme mir die Zeit, um meine Aura energetisch aufzulaufen.
Ich öffne und aktiviere meine Energiezentren und verstärke meinen natürlichen Schutz."

VISUALISIERUNG

Entspann dich und konzentriere dich auf deinen Atem. Sei ruhig und lausche deinem langsamen, tiefen und ruhigen Atmen.

Stell dir im Geiste deinen Körper vor. Visualisiere das erste Chakra und seine rote Farbe. Atme ein und beobachte, wie sich das Chakra ausweitet und in roter Farbe vibriert. Wiederhole diesen Vorgang dreimal. Geh über zum zweiten Chakra und visualisiere, wie es sich in Orange ausdehnt. Atme ein, vergrößere die Farbe in diesem Bereich und atme wieder aus. Wiederhole diesen Vorgang dreimal. Jetzt ist das dritte Chakra im Bereich des Solarplexus und die gelbe Farbe an der Reihe. Atme tief ein und breite ein wunderschönes Gelb in diesem Bereich aus. Wiederhole diesen Vorgang dreimal. Gehe nun über das Herzzentrum, dem vierten Chakra und der grünen Farbe. Atme wieder ein und stell dir vor, wie du in diesem Bereich die grüne Farbe ausbreitest. Wiederhole diesen Vorgang dreimal.

Geh nun zum fünften Chakra am Kehlkopf. Atme ein und breite in diesem Bereich die blaue Farbe aus, sodass sich deine Kehle mit Energie füllt. Wiederhole diesen Vorgang dreimal. Fokussiere nun deine Aufmerksamkeit auf dein Drittes Auge. Atme ein und breite in diesem Bereich die Farbe Lila aus. Wiederhole diesen Vorgang dreimal. Nun bist du am Scheitel angelangt, wo sich das siebte Chakra befindet. Durch dieses Chakra bist du mit der universalen Kraft verbunden. Atme ein und breite an dieser Stelle ein klares und schützendes

Weiß aus. Wiederhole diesen Vorgang dreimal. Breite nun die weiße Farbe und einen ganzen Körper herum aus. Atme tief ein und erweitere deinen weißen Schutzschild. Wiederhole diesen Vorgang zehnmal und erweitere dabei jedes Mal deinen energetischen Schutz. Ein unsichtbarer Energiefluss umgibt nun dein gesamtes Wesen.

AFFIRMATION

"ICH SCHÜTZE MEINEN KÖRPER MIT DER ENERGIE, DIE MIT DER UNIVERSELLEN KRAFT VERBUNDEN IST. ICH BIN BESCHÜTZT UND SICHER".

TAGEBUCH

Immer wenn du dich während des Tages ausgelaugt fühlst, kannst du entweder die gesamte Übung wiederholen oder dich auf den letzten Teil konzentrieren und nur das weiße Licht visualisieren und mit ihm deinen ätherischen Schutzschild aufladen. Achte darauf, wie diese Visualisierung dein Gesamtbefinden beeinflusst. Wiederhole die Übung immer dann, wenn du Bedarf hast, und merk dir, wie hilfreich sie jedes Mal für dich war. Mach dir diese Visualisierung zur Gewohnheit, denn sie hilft dir deinen energetischen Schutzschild zu aktivieren.

32. WAHRNEHMUNG FEINSTOFFLICHER ENERGIEN

Wir alle kennen die Erfahrung, dass wir plötzlich ohne ersichtlichen Grund den Raum verlassen möchten, in dem wir uns gerade befinden. Ist irgendetwas besonderes vorgefallen? Nein, nichts ist geschehen, niemand hat uns beleidigt oder angegriffen, und dennoch müssen wir einfach an die frische Luft.

Woher kommt dieser plötzliche Drang? Irgendetwas hat sich komisch angefühlt und Unwohlsein hervorgerufen. Oft hören wir von Überlebenden einer Katastrophe, dass sie wenige Momente vor dem Unglück das überwältigende Gefühl hatten, aus der ganzen Situation herauszukommen. Und sie waren dann auch die einzigen Menschen, die mit ihrer Haut davongekommen sind. Wie soll man sich das erklären? Zufall? Glück? Zauberei? Ich glaube, nichts von allem liefert die richtige Erklärung. View Faktoren sind im Spiel, wenn wir auf wundersame Weise aus größerem Gefahr gerettet werden. Ein Faktor ist der, dass man über einen intakten energetischen Spürsinn verfügt.

> WENN IN EINER BESTIMMTEN SITUATION GEFÜHLE UND UNWOHLSEINS UND KÖRPERLICHE BESCHWERDEN SCHEINBAR AUS DEM NICHTS AUFTAUCHEN, IST DAS OFT EIN WARNSIGNAL. MAN TUT GUT DARAN, AUF DIESE SUBTILEN SIGNALE ZU HÖREN.

Noch weiser ist es, diese spezielle Gabe, die wir besitzen, bewusst zu vervollkommnen. Wer wir was und aufmerksam sind, stehen wir in direkter Verbindung mit der Sensibilität unseres Körpers, der uns immer beschützt und aus der Gefahrenzone führt.

Wenn du auf die Warnsignale des Körpers hörst, schwingt deine Bewusstheit auf eine höheren Frequenz. Immerzu umgeben und endlose Schwingungen verschiedenster Frequenz. Denk nur an die Radiowellen. Per Knopfdruck hörst du plötzlich Musik, die tausende von Kilometern entfernt gespielt wird. Jeden Tag steigt die Zahl der Signale, die du ausgesetzt bist. Auch die Feineinstellung deines persönlichen "Empfangsgeräts" für viele andere, natürliche Wellen, die im Kosmos existieren, ist absolut notwendig, wenn du dich auf optimale Weise schützen willst.

INNERE EINSTIMMUNG

"Ich möchte die feinfühligen Signale und Botschaften verstehen, die mein Körper mir sendet. Ich werde meine bewusste Wachheit verstärken und dadurch meine Sicherheit erhöhen."

VISUALISIERUNG

Such dir einen ruhigen und ungestörten Platz und entspann dich völlig. Atme tief ein und aus und konzentriere dich nur auf den Klang deines Atems. Stell dir vor, du sitzt in einem bequemen Sessel und fühlst dich rundherum wohl. Alles ist perfekt, du hast keine Sorgen und bist glücklich. Nun unterhältst du dich mit deinem Körper über bestimmte Örtlichkeiten, an denen du dich den Tag über aufhalten wirst. Dein Körper wird mitgeteilt, welchen Einfluss sie auf dich haben werden. Denk an dein Schlafzimmer. Stell dir vor, du liegst in deinem Bett. Konzentriere dich und schärfe dein Bewusstsein. Wie fühlt sich dein Körper an? Liegst du bequem und fühlst du dich entspannt? Oder hast du Angst und machst dir Sorgen? Warum tust du das? Hat es etwas mit der Person zu tun, mit der du dein Bett teilst? Vielleicht gibt es alte Sachen im Schlafzimmer, die dich stören?

Möglicherweise vermittelt der Raum nicht so ein harmonisches und friedvolles Gefühl, wie es für einen erholsamen Schlaff notwendig wäre. Sei ganz ruhig und konzentriere dich auf deine Wahrnehmung. Versuche, die Ursache für deine Unbehagen zu erspüren. Behalte die Mitteilungen, die du als Gedanken erhältst, und verlasse im Geist das Schlafzimmer. Atme tief und entspann dich.

Visualisiere dich nun an deinem Arbeitsplatz. Stell dir die Umgebung vor, die Einrichtungsgegenstände und die Kollegen. Wie fühlst du dich? Achte darauf, in welchem Körperteil du dich unwohl fühlst und woher deine innerliche Anspannung kommt. Gibt es eine Person, die ihren energetischen Zustand negativ beeinflusst? Ist da ein bestimmtes Objekt, das dich stört? Behalt alle Botschaften, die du empfängst, atme tief und entspann dich. Du kannst diese Übung bei allen Örtlichkeiten anwenden, auch bei weniger vertrauten. Achte immer auf den feinsten Energieimpuls und darauf, woher er kommt. Da kein Körper energetisch auf deine Visualisierung reagiert, ist er in der Lage, dir subtile Botschaften auf der Ebene der Schwingungen zu senden.

AFFIRMATION

"MEIN KÖRPER IST EIN HOCHEMPFINDLICHES "GERÄT", MIT DEM ICH HERAUSFINDEN KANN, OB MIR BESTIMMTE ORTE ODER SITUATIONEN GUT TUN ODER NICHT. MEIN KÖRPER BESCHÜTZT MICH."

TAGEBUCH

Achte darauf, wie die unterschiedlichen Orte deinen Energiekörper beeinflussen. Was ist der Auslöser dafür, dass du dich wohl oder unwohl fühlst? Wo spürst du eine Reaktion im Körper? Vergleiche die Informationen mit dem Sitz der Chakras und den Gefühlen, die mit ihnen verbunden sind. Zum Beispiel ist ein komisches Gefühl im Bereich des Solarplexus mit Angst und Wut verknüpft. Dieses Wissen ist sehr hilfreich, wenn du herausfinden willst, welche Orte dich wie beeinflussen.

Wenn du die Kunst des Verstehens energetischer Warnungen beherrschst, wird der ganze Prozess viel schneller ablaufen. Bist du zum Beispiel an einem Ort, an dem du nie zuvor warst und möchtest herausfinden, welchen Einfluss er auf dich hat, verteilst du deine innere Wahrnehmung im ganzen Körper und spürst, welche Wirkung die spezielle Schwingung dieses Ortes auf dich hat. Dies hilft dir dabei, negative Umgebung zu vermeiden. Wie hat sich dein Gespür für die energetische Qualität von Orten verändert, nachdem du diese Visualisierung eine Zeit lang praktiziert hast?

33. HEILE DEINE NEGATIVEN EMOTIONEN

Negative Emotionen beeinträchtigen unseren Gesundheitszustand. Sie Erzeugerin unserer Aura einen Überschuss schädlicher Energie, der ein grundlegendes Unwohlsein im Körper hervorruft und ihn für Krankheiten anfällig macht. Es ist also wichtig zu wissen, was wir als "emotionale Altlast mit uns herumschleppen. Einige von uns haben eine schwere Bürde zu tragen und je älter wir werden, desto mehr ballast häufen wir gewöhnlich an.

Bist du schon mal ohne viel Gepäck gereist? Was für einen Genuss! Die ganze Reise bekommt eine andere Qualität, denn du musst keine Angst mehr haben, dass etwas verloren geht. Du brauchst keine Gewichtszuschläge zu zahlen und bekommst auch keine Rückenschmerzen. Viele von uns haben Erfahrungen gemacht, die wir scheinbar nicht so schnell wieder loslassen können und wie Gepäck mit uns herumtragen. Wenn wir uns jedoch näher mit einer Sache befassen und uns fragen, was es uns wirklich bringt, an der Vergangenheit festzuhalten, erkennen wir, dass die Antwort ganz einfach ist: Nichts!

INDEM WIR UNSEREN EMOTIONALEN BALLAST ÜBER BORD WERFEN, SCHAFFEN WIR JEDOCH PLATZ FÜR NEUE ENERGIE, NEUE MENSCHEN UND NEUE ERFAHRUNGEN.

Wie fit halten wir alte Emotionen fest, ohne dass es uns überhaupt bewusst ist? Wir fühlen uns unwohl wegen bestimmter Ereignisse in unserer Biografie, sind ängstlich oder wütend, aber wissen nicht, wo unsere Gefühle stammen. Wenn wir unglückliche Beziehungen hinter uns haben und an diesem emotionalen Zustand festhalten, verhindern wir, dass neue Menschen in unser Leben treten können. Ist es auch dir schon mal passiert, dass du jemanden kennen gelernt hast und so viel von deiner negativen Vergangenheit erzählt hast, dass dein Gegenüber das Interesse an dir verloren hat? Dann lässt du es zu, dass die negative Energie der Vergangenheit neue positive Erfahrungen verhindert. Es gibt keinen Platz für beide, du musst dich schon entscheiden.

Bevor du die nachfolgende Visualisierung durchführst, solltest du dich dennoch an deine Vergangenheit erinnern. Es bringt nämlich auf der anderen Seite auch nichts, ungelöste und unglückliche Emotionen einfach zu verdrängen. Du musst dit stattdessen bewusst werden,

Das Buch vom Inneren Frieden ~ Sabrina Mesko - 152

dass du sie hast und verstehen, wie sie dein Leben beeinträchtigen. Nur so kannst du deine emotionalen Probleme lösen und negative Energien loswerden.

Wissen ist Macht und je mehr du ¨bei dich selbst weißt, desto stärker bist du. Mache es r zur Routine, jede Art von Negativität loszulassen und in einer Haltung inneren Friedens und inneren Glücks zu verweilen. Auf diese Weise schützt du deine körperliche Gesundheit und dein emotionales Wohlergehen.

INNERE EINSTIMMUNG

"Ich bin bereit, meinen Körper von allen negativen Gedankenmustern zu befreien.
und mein positives Energiefeld zu schützen."

VISUALISIERUNG

Such dir einen ruhigen und ungestörten Platz. Atme tief ein und aus und entspann dich vollkommen. Stell dir vor, du befandest dich tief im Urwald. Üppige tropische Pflanzen und Blumen umgeben dich. Du gehst auf einem schmalen Pfad, der mit kleinen Ästen un Blättern bedeckt ist. Die feuchte Luft riecht frisch. In der Ferne hörst du rauschendes Wasser. Es zieht dich in deinen Bann, du hast das Gefühl, dass es dich ruft. Und so machst du dich auf, es zu finden. Je weiter du dem Pfad folgst, desto stärker wird das Geräusch und schon nach kurzer Zeit fühlst du einen feinen Nebel in der Luft. Du kommst immer näher und die Quelle dieser vibrierenden Energie. Ihr Klang erfüllt deine Ohren. Schließlich bist du am Ziel und stehst vor einem wunderschönen Wasserfall. Der Ausblick ist atemberaubend. Ohne viel zu überlegen, findest du eine Stelle, an der du nah an ihn herankommst und dich unter ihm stellen kannst. Das Wasser massiert sanft deinen Körper und reinigt dein Energiefeld.

Denk nun an negative Emotionen, die du mit dir herumschleppst. Visualisiere sie als einen kleinen Ball in deiner Hand, den du unter das herabstürzende Wasser hältst. Fühl, wie sie vom frischen Wasser gereinigt werden. Der negative Energieknoten löst sich auf und wird hinweggespült. Wiederhole diesen Vorgang so lange, bis jeder Überschuss an schädlichen Energien fortwischen ist. Does it have a reinigender und heilender waterfall? Er füllt dich mit vitaler Energie und hält immer unbegrenzt Kraft für dich bereit. Nachdem du die Reinigung genossen hast, kehrst du ausgeruht und erfrischt in den Wald zurück. Du entdeckst ein einladendes Blumenbett, bedeckt von tropischen Blüten. Du legst dich dort hinein und machst ein kleines Nickerchen. beim Aufwachen fühlst du dich glücklich und voller Energie. Immer wenn du Bedarf hast, kannst du diesen Wasserfall aufsuchen und seine aufbauende Kraft genießen.

AFFIRMATION

> **"ICH LASSE ALLE SCHÄDLICHEN EMOTIONEN LOS, SIE WERDEN VON DER KRAFT DES WASSERFALLS EINFACH WEGGESPÜLT. ICH SCHLAGE IN BLÜTEN UND ERWACHE VOLL VON ENERGIE MIT EINEM LEICHTEN HERZEN."**

TAGEBUCH

Schreib die negativen Gefühle und Emotionen auf, die du mit dir herumträgst. triff die bewusste Entscheidung, dass du bereit bist, sie loszulassen. Triff die bewusste Entscheidung, dass du bereit bist, sie loszulassen. Halt nach der Übung fest, wie du dich fühlst.

Hat sich die eigene Verfassung verbessert? Fühlst du dich von Negativität befreit?

Praktiziere diese Visualisierung regelmäßig und halt hinterher die Resultate fest.

Wenn du es möchtest, kannst du die Übung auch unter der Dusche wiederholen.

Achte immer darauf, wie du dich fühlst, und beschütze weiterhin dein Energiefeld.

34. ACHTE DARAUF, KEINE ENERGIE ZU VERLIEREN

Unsere Freunde, Arbeitskollegen, Familienangehörigen und Lebenspartner beeinflussen unseren emotionalen Zustand. Wenn jemand in deiner unmittelbaren Umgebung unter Depressionen leidet, wirst du auch etwas davon zu spüren bekommen. Schaffst du es, diese Person ein wenig zu ermuntern, fühlst du dich hinterher wahrscheinlich erschöpft.

Wohl alle kennen wir gewisse Freunde, die uns immer anrufen und uns von ihnen schwierigen Problemen erzählen und von den ungeheueren Dramen, in denen sie stecken. Nach einem langen Gespräch sind sie dann wieder guter Dinge – doch du fühlst dich total ausgelaugt. Und dann gibt es noch Menschen, die versuchen, dich in endlose Diskussionen zu ziehen. Sie sind schwierige Charaktere und oft sehr stimmungsabhängig. Es ist unmöglich, sie zufrieden zu stellen und mit ihnen länger auszukommen. Nachdem sie es geschafft haben, dass du auf sie eingehst und mit ihnen ein Streitgespräch anfängst, blühen sie plötzlich auf und fühlen sich blendend, während sie dir den gesamten Tag verdorben haben.

Warum erlauben wir anderen Menschen, so in unser Innerstes einzudringen und unsere vitale Energie anzuzapfen? Warum glauben diese Menschen, sie hätten ein Recht, ihre negativen Emotionen auf uns abzuladen und von unserer Lebenskraft zu trinken? Offensichtlich befinden Sie sich nicht in der Lage, sich selbst mit genug Lebensenergie zu versorgen. Vielleicht sind sie in einer Familie aufgewachsen, in der es üblich war, so miteinander umzugehen. Sie kennen es nicht anders als sich gegenseitig Energie zu stehlen.

> **AM MEISTEN HILFST DU SOLCHEN MENSCHEN, WENN DU DICH IHNEN NICHT MEHR ALS ENERGIEQUELLE ZUR VERFÜGUNG STELLST.**

Indem du sie dazu bringst, selbst für sich verantwortlich zu sein, werden sie mehr und mehr erkennen, in welchem Zustand sie sich befinden. Oftmals führt schon die bloße Bewusstwerdung zu einer Verhaltensveränderung, und sie sind bereit, sich mit sich selbst und den eigenen Ängsten auseinanderzusetzen. Natürlich gibt es auch die andere Seite der Medaille. Manche Menschen erhellen den Raum, wenn sie ihn betreten, sie inspirieren und durch ihre gute Laune, durch einen Blick oder ein Wort und üben innerhalb kürzester Zeit einen positiven Einfluss auf uns aus. Wir sollten danach streben, uns so viel wie möglich mit liebevollen und positiv eingestellten Menschen zu umgeben, die uns ein gutes Gefühl geben und denen wir vollkommen vertrauen können.

INNERE EINSTIMMUNG

"Ich bin bereit, mich von Menschen zu trennen, die meine Energie absaugen.
Ich werde genau hinschauen, mit welchem Umgang ich Umgang pflege und wem ich Energie gebe."

VISUALISIERUNG

Such dir einen ruhigen Platz und mach es dir bequem. Atme tief ein und aus und entspann deinen ganzen Körper. Mit jedem Atemzug entspannst du dich tiefer, bis du in einem Zustand völliger Entspannung bist.

Stell dir vor, du wärst am Strand. Es ist ein schöner Sommertag und die Sonne ist heiß. Du hast vor, schwimmen zu gehen. Du springst ins Wasser und schwimmst gegen die Wellen an. Das Wasser ist ziemlich wild, aber du bist ein hervorragender Schwimmer und hast keine Angst. Das Wasser fühlt sich wunderbar an, und du entfernst dich immer weiter vom Strand. Plötzlich hörst für Hilfeschreie. Hinter dir ist jemand, der sich kaum noch über Wasser halten kann. Ohne auch nur einen Moment zu zögern, eilst du zu Hilfe. Es ist nicht leicht, diese Person zu retten, denn in ihrer Panik hört sie nicht auf dich, sondern klammert sich um deine Schulter. Nur unter großer Mühe gelingt es dir, sie an Land zu bringen. Letzt erst siehst du ihr Gesicht. Du kennst diese Person. Sie hat schon immer an deine Energie gesaugt. Diuch ihre Panik wärst du eben fast ertrunken. Behalt diese Person also gut im Gedächtnis. Mithilfe dieser Übung kannst du leicht herausfinden, welche Menschen dir Energie abziehen.

Du wirst vielleicht überrascht sein, wie oft menschen, die uns nahe stehen und die wir lieben, an unserer Lebensenergie saugen. Wenn wir zu sehr mit ihnen verstrickt sind, bemerken wir nicht mehr die Situationen, in denen es geschieht. Wir glauben, ein guter Freund hat ständig Pech und bemerken nicht, dass er mit seinem scheinbaren Unglück hausieren geht und nur dein Mitgefühl auf sich ziehen will. Du könntest eine solche Person in einen räum voller glücklicher Menschen stecken und sie würde es schaffen, ein paar von ihnen um sich zu versammeln und die allgemeine Aufmerksamkeit und Energie auf sich zu lenken. Wie kann so etwas geschehen? Indem diese Person den Anwesenden ihre unglückliche Geschichte erzählt. Achte daher auf die Vorgehensweise von Menschen mit diesem "Strickmuster". Du kannst ihr Verhalten dadurch verändern, dass du dich einfach nicht mehr zur Verfügung stellst und den Kontakt mit ihnen begrenzt. So gibst du ihnen nicht mehr die Möglichkeit, mit ihren Spielchen anzufangen. Sie werden dadurch mit ihrem eigenen Verhalten konfrontiert und müssen sich ein anderes Opfer suchen. Schütz dich selbst, indem du dir eine hohe, strahlend weiße Mauer um dich herum vorstellst.

AFFIRMATION

"ICH BEMERKE ES, WENN ENERGIEHUNGRIGE MENSCHEN
AUF MICH ZUKOMMEN UND WEISS, MICH VOR IHNEN ZU SCHÜTZEN.
INDEM ICH IHR BEDÜRFNIS NICHT ERFÜLLE, HELFE ICH IHNEN
AUF DEM WEG ZUR SELBSTVERANTWORTUNG UND INNERE STÄRKE."

TAGEBUCH

Achte darauf, wer die erste Person ist, die dir bei dieser Visualisierung in den Sinn kommt. Lass dich nicht irritieren, auch wenn du es zuerst nicht verstehst, warum ausgerechnet diese Person in deinen Gedanken auftaucht. Versuch stattdessen, eure Freundschaft einmal genauer unter die Lupe zu nehmen. Bist du derjenige, der sie immer tröstet und sie aus ihren Leidensgeschichten rettet? Ist sie umgekehrt zur Stelle, wenn du ihre Hilfe brauchst, oder ist sie eher auf ihren eigenen Vorteil bedacht?

Beantworte diese Fragen ehrlich und hör auf deine innere Stimme, die dir vielleicht etwas zuflüstert, was du nicht unbedingt hören willst. Manchmal ist es besser, lieber jetzt als später herauszufinden, wer dein wahrer Freund ist. Schreib auf, wer dir nur Energie abzieht und wer ein wirklicher Freund ist, der auch dir Energie und Liebe schenkt.

35. SELBSTHEILUNG

Unser Körper verfügt über große Selbstheilungskräfte. Wir nehmen das gewöhnlich als gegeben hin und denken nicht weiter daran. Wenn du dich zum Beispiel in den Finger geschnitten hattest, war er wohl nach wenigen Tagen schon wieder verheilt. Musstest du irgendetwas unternehmen oder dich besonders anstrengen, damit das geschieht? Nein, dein Körper hat sich einfach selbst darum gekümmert. Ähnliche Vorfälle geschehen tagtäglich in deinem Körper, ohne dass du dir dessen bewusst bist.

> WENN DU DICH NICHT WOHL FÜHLST ODER SCHMERZEN HAST,
> DANN VERSUCHT DEIN KÖRPER, DICH DARAUF AUFMERKSAM ZU MACHEN
> DASS ER EIN PROBLEM HAT. ES IST DAHER IMMER SINNVOLL,
> AUF DIE SIGNALE DES KÖRPERS ZU ACHTEN.

Physische Beschwerden materialisieren sich zuerst im Energiefeld. Wenn wir gelernt haben, unseren Energiekörper sauber und gesund zu halten, erhöhen wir die Chancen, auch in Zukunft gesund zu bleiben. Emotionale Spannung und Stress beeinflussen dein Wohlbefinden auf grundlegende Weise. Genug Zeit zum Ausruhen, eine gesunde Ernährung und viel Bewegung sind die Eckpfeiler deiner Gesundheit. Wenn du das Gefühl hast, dein Körper sei erschöpft und kämpfe mit einer möglichen Erkrankung, kannst du eine kraftvolle Selbstheilungstechnik anwenden, um schnell wieder fit zu sein. Achte auf die Signale deines Körpers und seine Hilferufe. Gib ihm das, was er braucht, und er wird dir sagen, wie du ihm am besten helfen kannst. Vielleicht brauchst du nur ausreichend Schlaf oder eine andere Ernährungsweise.

Der größte Feind der Gesundheit ist Stress. Wenn du die dynamische Energie deines Körpers erschöpft hast, weil du dich jahrelang stressvolle Situationen ausgesetzt hast, ist eine Änderung deines Lebensstils nötig. Gib dem Körper das, was er braucht und vertraue auf seine Selbstheilungskräfte. Respektiere dein körperliches Gefäß und denk immer daran, dass du mit seiner Hilfe um die Welt reisen kannst, um neue Abenteuer zu erleben. Du kannst im Körper glücklich sein und Freude haben und anderen helfen, ein besseres Leben zu fahren.

INNERE EINSTIMMUNG

"Ich werde auf die Hilferufe meines Körpers hören und ihm dabei helfen, gesünder, stärker und kraftvoller zu werden."

VISUALISIERUNG

Such dir einen ruhigen und ungestörten Platz. Atme tief ein und aus und entspann dich total. Mit jedem Atemzug entspannst du dich mehr und schon bald gleitest du in einen Zustand tiefer innerer Ruhe.

Visualisiere deinen Körper. Sieh, wie er in heilendem weißem Licht schwingt. Das Licht durchdringt dich von Kopf bis Fuß. Atme bewusst und konzentriere dich darauf, dieses Licht auszuweiten. Mi jedem Atemzug dehnt sich das Licht weiter aus und wird stärker. Es ist immer bei dir, egal wo du auch bist.

Stell dir vor, du bist morgens gerade aufgestanden. Dein Körper leuchtet im heilenden weißen Licht. Sieh, wie du zur Arbeit gehst. Wen immer du triffst und in welcher Umgebung du dich auch aufhältst, das weiße Licht ist stets gegenwärtig und überstrahlt alle negativen Energien, auf die du stößt. Stell dir die Menschen vor, die du begegnen wirst. Wenn du anderen Menschen die Hand schüttelst, weitet sich dein Licht aus und umschließt sie. Sie empfangen dadurch einen Teil deines heilenden Lichts, das auf ihren Körper trifft. Ihr Energiefeld ist nun genauso intakt und strahlend wie dein eigenes. Verbreite auf diese Weise den ganzen Tag lang das heilende weiße Licht. Sei dir seine Kraft in allen Situationen bewusst. Welche Auswirkungen hat es, wenn du dich so verhältst? Fühlst du dich aufgeladener und glücklicher? Wenn du am Abend nach Hause zurückkehrst, beobachte dein Energieniveau. Obwohl du vielen Menschen dein Licht gegeben hast, hat es dadurch nicht ab, sondern zugenommen. Du bist der Träger dieses heilenden Lichts, das alle und alles heilen kann. Atme tief ein und aus und genieße diese bewusst in dir wiedererwachte Kraft.

AFFIRMATION

"MEIN KÖRPER HEILT SICH SELBST. JEDE UNGESUNDE STÖRUNG IN MEINEM KÖRPER VERSCHWINDET UND WIRD DURCH HEILENDES WEISSES LICHT ERSETZT. ICH BIN VON GRUND AUF GESUND."

TAGEBUCH

Wie schätzt du deine Selbstheilungskräfte ein? Hast du das Gefühl, dein Körper ist stark? Praktiziere die Visualisierung und achte darauf, wie du dich hinterher fühlst.

Wiederhole die Übung mehrere Tage lang und gib dir ehrlich Rechenschaft darüber, wie sie dein Gesamtgefühl beeinflusst.

Lass dich bei dieser Visualisierung von nichts ablenken und lass keinen Zweifel hochkommen. Du hast diese von Gott gegebene Selbstheilungskraft und solltest sie auch gebrauchen. Mach dir Aufzeichnungen und beobachte, wie du dich währen der Visualisierung fühlst. Vergleiche dieses Gefühl mit der gewöhnlichen Einstellung zur Gesundheit, die sonst bei uns allen vorherrscht.

TEIL IX.

SCHUTZ

Schutz für deinen Geist

~ ICH BIN WÄHLERISCH IN BEZUG AUF MEINE GEDANKEN UND ABSICHTEN ~

36. SCHUTZ FÜR NEGATIVEN GEDANKEN

Unser Geist zieht das an, was wir uns unbewusst wünschen. Du kannst jedoch lernen, deine Gedankenmuster bewusst zu bestimmen und deinen D geist vor Negativität, Angst und mentalem Stress zu schützen. Indem du die Verantwortung übernimmst und lernst, deine Denkgewohnheiten zu kontrollieren, wirst du dein Leben in den Griff kriegen. Du befreist deinen Geist von allem Negativ und vom Gefühl der Hilflosigkeit und genießt en dich inneren Frieden.

Wir alle kennen plötzliche Anfälle von schlechter Laune. Wir wachen auf, und alles scheint schwierig zu sein. Schnell kann ein unglückliches Ereignis oder eine ganze Anzahl entmutigender Erfahrungen zu einer negativen Grundeinstellung führen, besonders wenn du einen harten Arbeitstag oder einen schweren Tag zu Hause gehabt hast oder es dir generell nicht leicht fällt, eine positive Seite in deinem Alltag zu sehen. Nichts verläuft so, wie du es gerne hättest, und folglich nimmt dein Enthusiasmus angesichts der Möglichkeiten des Lebens immer mehr ab. Diese Haltung kann leicht zu Depressionen führen, und wenn wir uns nicht anstrengen, unseren Bewusstseinszustand willentlich zu verändern, landen wir möglicherweise in einem chronischen Zustand niedriger Energie und allgemeiner Antriebslosigkeit.

Bevor deine Gedanken ins Negative abdriften, kannst du sie jedoch daran hindern, diesen Weg zu nehmen und dich vollständig herunterzuziehen. positiv, inspirierend und begeisterungsfähig zu sein, scheint eine Menge Arbeit zu erfordern. Beobachte die Symptome und Anzeichen der Depression, unterbringe deinen negativen Dialog mit dir selbst und verändere deine geistige Einstellung. Schütz dich davor, dass negative Gedanken in deinen Denken einziehen und sich dort breit machen. Sei ehrlich und frag dich zuerst, ob du nicht selbst die Quelle der Negativität bist, bevor du anderen die Schuld gibst.

> OFT BRAUCHST DU NUR EIN WENIG RUHE UND EINE UNGESTÖRTE ZEIT MIT DIR SELBST. KEIN DRUCK, KEINE FRAGEN - NIEMAND, DEM DU EINE ANTWORT SCHULDIG BIST, NUT DU MIT DIR ALLEIN.

Nimm dir, statt dich über deine Negativität zu ärgern, ein paar Minuten Zeit und führ die nachfolgende Visualisierung durch. Du wirst von dem positiven Ergebnis überrascht sein.

INNERE EINSTIMMUNG

"Auch wenn ich noch so unzufrieden mit mir bin, bin ich dankbar für all die glücklichen Momente in meinem Leben. Ich entscheide mich dafür, positiv zu sein und das Leben zu genießen. Ich bin offen für positive Energie und für zufriedene und glückliche Menschen. Ich bin vor negativen Gedanken geschützt und schaffe dem Glück und der Freude Platz in meinem Leben."

VISUALISIERUNG

Such dir einen ruhigen und ungestörten Platz. Entspann dich und konzentriere dich auf das Atmen. Atme langsam und tief durch die Nase ein und aus. Um Negativität loszuwerden, spielt das Atmen eine entscheidende Rolle. Jedes Mal, wenn du ausatmest, entspannst du dich mehr, bis du in einem Zustand tiefen inneren Friedens bist. Beruhige deine Gedanken, indem du auf deinen Atem hörst. Schenke den Gedanken keine Aufmerksamkeit, sondern lausche nur dem beruhigenden Geräusch deines Atems. Immer wenn dein Geist abschweift, bring ihn behutsam zur Konzentration auf den Atem zurück. sei freundlich mit dir selbst und deinem Geist. Sitz einfach nur da und atme.

Stell dir vor, du wärst in einem kleinen Dorf. Du siehst keine Menschenseele weit und breit, das Dorf scheint vollkommen ausgestorben zu sein. Es ist ein nebliger Tag und du beschließt, einen kurzen Spaziergang zu machen. Plötzlich befindest du dich vor dem Tor eines großen Turms. Du öffnest das Tor und erblickst eine wundervolle, goldene Treppe. Du gehst auf ihr nach oben und bemerkst, dass der Turm viele schöne Fenster hat. Immer wenn du an einem Fenster vorbeikommst, schaust du nach draußen und bemerkst, wie das wetter sich aufheitert. Der Nebel lichtet sich und die Sonne kommt immer mehr durch. Geh weiter, bis du auf der Turmspitze angelangt bist. Dort obern befindet sich eine große, wunderschöne Terrasse und es hat den Anschein, als würde jemand erwartet. Du betrittst die Terrasse. Die Sonne scheint, du hörst wunderbare Musik, und die Aussicht ist atemberaubend. Drei Weise haben hier oben schon auf dich gewartet. Ihre Namen sind Liebe, Freundlichkeit und Mitgefühl. Du setzt dich zu ihnen und unterhältst dich mit ihnen über ihren Namen. Am liebsten würdest du für immer hier oben bleiben. Die drei weisen Menschen sind voller Spaß, sie lachen viel und haben glückliche Gedanken. Bald aber ist es Zeit, dich zu verabschieden. Bevor du wieder nach unten gehst, geben sie dir folgenden Rat mit auf den Weg: "Solange du dich an unseren Namen erinnerst, wird alles gut in deinem Leben sein. Denk immer daran, dich selbst und andere zu lieben. Mach dich und andere glücklich und sei voller Mitgefühl für alles Leben. Erinnere dich immer an die Segnungen, die dir zuteil wurden. Wenn du an nichts anderes mehr denkst, werden Frieden und

Wohlstand in dein Leben einziehen und du wirst dich immer beschützt fühlen. Jetzt und für alle Zeit."

Ihre Worte erfüllen deinen Geist, als du wieder vor der Treppe stehst. Nachdem du unten angekommen bist, bemerkst du, dass im Dorf ganz schön was los ist. Ein neuer Tag hat gerade begonnen. Überall sind Menschen, sie lachen und freuen sich. Du weißt, dass alles möglich ist und die Welt dir offen steht.

AFFIRMATION

"ICH ATME ALLE NEGATIVITÄT AUS UND LASSE SIE FÜR IMMER LOS. ICH BIN OFFEN FÜR POSITIVE GEDANKEN, ERFAHRUNGEN UND MENSCHEN. ICH FÜLLE MEIN LEBEN MIT LIEBE, GLÜCK UND MITGEFÜHL."

TAGEBUCH

Achte darauf, wie du dich von Beginn der Visualisierung fühlst. Reproduziert dein Geist negative Gedankenmuster? Es ist wichtig, dass du dieser Negativität keine Macht über dich gibst. Atme sie aus und lass sie los. Versuchen Sie nicht, die Emotionen, die in deinem Inneren hochkommen, zu unterdrücken oder zu analysieren. Lass sie einfach los. Wenn du Wut oder Traurigkeit fühlst, atme sie einfach aus. Nach und nach wirst du dich dabei immer besser fühlen. Wenn du tief atmest, hat deine negative körperliche Anspannung ein Ventil, um deinen Körper zu verlassen. Konzentriere dich deshalb voll auf deinen Atem.

Nachdem du die Übung beendet hast, achte darauf, wie du dich fühlst. Hat sich deine emotionale Einstellung gegenüber dem Leben und dir selbst verändert? Ist deine Laune besser geworden?

Schreib eine positive Affirmation auf und behalte sie den ganzen Tag über im Kopf. Lass sie vollständig deinen Geist durchdringen.

37. SCHUTZ IN KÖRPERLICHER GEFAHR

Wenn du in Gefahr bist, musst du schnell handeln können, denn du hast nicht die Zeit, die Situation erst mal abzuwägen und darauf zu hoffen, dass alles vorüberzieht. Es gibt jedoch bestimmte Dinge, die du im Notfall tun kannst.

Am wichtigsten ist es, die Ruhe zu bewahren und geistig klar zu bleiben. Aber was geschieht, wenn alle praktischen Ratschläge nichts nützen, weil du in einer Situation bist, die du nicht kennst und daher auch nicht weißt, was du tun sollst? Jetzt hilft dir nur nicht deine Intuition. Jene innere Stimme, die dir sagt, dich links zu halten anstatt rechts und die dir dadurch hilft, eine Katastrophe zu verhindern. Ein wacher Geist kann so dein Lebensretter sein. Gute Reflexe und intuitive Entscheidungen sind etwas, was du gezielt entwickeln vermagst.

Sei wach, aufmerksam und vorbereitet. Wie schlimm die Situation auch sein mag, wenn du ruhig in deiner Mitte bleibst, wirst du dich nicht von der Panik um dich herum anstecken lassen.

> DEINE GEISTIGE VERFASSUNG HAT EINEN POSITIVEN EINFLUSS AUF DIE SITUATION.

Sei dir bewusst, dass es ums ganze geht und du keine Zeit hast zu zögern. Triff eine Entscheidung und handle danach. Wenn du scheinbar nichts anderes tun kannst als abzuwarten, musst du ein positives Energiefeld aufbauen, das dir Mut macht und innere Gelassenheit stärkt.

Du weißt, dass es immer wieder Menschen gibt, die alle Widrigkeiten zum Trotz heil aus einer lebensbedrohenden Situation herauskommen. Glaubst du, dass ein solcher Mensch auch nur einen Moment lang gezaudert und Verzweiflung, Selbstmitleid oder gar Panik zugelassen hat? Er hat vielleicht hin und wieder ängstliche Gedanken, aber sehr wahrscheinlich ist diese Person positiv eingestellt, innerlich stark und unnachgiebig: keine unschlüssigen Gedanken. kein Erschaudern angesichts der Gefahr, sondern zielsicher das Überleben im Sinn. Ein solcher Mensch hat einen unbeugsamen Willen. Nichts kann ihn herunterziehen, seine Entschlusskraft brechen oder ihm die Hoffnung nehmen. Er glaubt fest an der Situation herauszukommen, hast du einen starken Willen? Wenn ja, gehörst du auch eher zu denen, die überleben, anstatt unterzugehen.

INNERE EINSTIMMUNG

"Ich werde in mir die Weisheit und die Entschlusskraft entwickeln, um gefährliche Situationen zu überstehen. Meine Geistesgegenwärtigkeit wird mich beschützen."

VISUALISIERUNG

Such dir einen ruhigen und ungestörten Platz. Atme tief und langsam ein und aus, entspann dich vollständig. Du wirst nun üben, wie du dich in einer potenziell gefährlichen Situation verhalten kannst.

Stell dir vor, du willst eine Straße überqueren. Du kennst diese Kreuzung und hast sie schon viele Male passiert. Du schaust dich kurz um und beschließt, über die Straße zu gehen. Aber für einen Sekundenbruchteil fühlst du dich unsicher und hast das Gefühl, dass die ein schauer über den Rücken läuft. Hörst du auf diese innere Warnung und hältst inne, um noch mal nach rechts und links zu schauen, oder missachtest du die Zeichen und gehst weiter? Plötzlich bemerkst du, dass ein Auto bei rotem Licht über die Ampel gefahren ist und direkt auf dich zukommt. Obwohl alles sehr schnell geschieht, hast du das Gefühl, sie Zeit stünde still. Was tust du? Bleibst du wie angewurzelt stehen und erwartest das scheinbar unvermeidliche? Oder bekommst du einen Adrenalinstoß und bringst dich in null Komma nichts aus der Gefahrenzone? Hast du eher die Tendenz, passiv zu werden und hilflos auf das zu warten, was passieren wird, weil du dich von der Unfassbarkeit der Ereignisse überwältigen lässt? Stell dir vor, dass du noch rechtzeitig zur Seite springst und unversehrt bleibst. Du warst wachsam und hast auf deine Intuition gehört, die dich in Sicherheit gebracht hat.

Stell dir nun eine andere mögliche Situation vor oder erinnere dich an ein vergleichbares Erlebnis, das du hattest. Konntest du den Sekundenbruchteil nutzen, um eine Entscheidung zu treffen und damit die Situation willentlich zu beeinflussen? Wenn nicht, erlebe die Situation noch einmal und stell dir vor, du bleibst unversehrt. Vielleicht gelingt es dir nicht immer, jeden Unfall oder jede gefährliche Situation im Leben von vornherein zu vermeiden. Aber wenn du fest entschlossen bist, die Gefahrensituation zu meistern, wird diese innere Einstellung dir von großer Hilfe sein. Unterschätze niemals deine Willenskraft und denk daran, dass die Zeit in einer solchen Situation still zu stehen scheint. Dieser moment scheinbaren Stillstand von räum und Zeit ist deine Gelegenheit, die Ereignisse aktiv zu beeinflussen und dein Leben zu retten.

AFFIRMATION

"ICH ERZEUGE EINE WEISSE MAUER GÖTTLICHEN SCHUTZES.
ICH BIN SICHER. ICH WERDE BESCHÜTZT.
MIR GEHT ES GUT. ICH BIN GESUND. ICH BIN UNVERLETZT."

TAGEBUCH

Schreib eine gefährliche Situation auf, die du scheinbar durch "Zufall" erlebt hast. Stell dir vor, wie es besser hätte ausgehen können, wenn du dich anders verhalten hättest. Lernen aus der Erfahrung und lass alle Gefühle des Bedauerns los, die du vielleicht hegst. Du hast damals das Beste getan, was du konntest. Das nächste Mal bist du stärker und weißt besser, mit der Situation umzugehen.

Es ist eine großartige Übung, deine intuitive Reaktion zu testen, wenn du mit potenziell gefährlichen Situationen konfrontiert bist. Denk immer daran, dir vorzustellen, dass du gesund und unversehrt bist und immer beschützt wirst. Konzentriere dich auf deine Willenskraft, deine innere Stärke und Besonnenheit.

Diese Eigenschaften werden dir helfen, die beste Entscheidung in einer gefährlichen Situation zu treffen. Lass dich nicht von negativen Aussichten übermannen. Bleib stattdessen in unerschütterlicher Verbindung mit deinem Willen und deiner Entschlossenheit zu überleben. Halt fest, wie diese Einstellung dein Leben beeinflusst und verändert.

38. SCHUTZ VOR SELBSTSABOTAGE

Wir wissen, was gut für uns ist und was wir besser meiden. Dennoch kann es passieren, dass uns dieses Wissen nichts mehr nützt. Wir ignorieren unsere innere Stimme und stürzen uns ins Desaster. Wenn wir den Grund für unser selbstzerstörerisches Verhalten nicht erkennen, kann dieses negative Muster unser ganzes Leben bestimmen. Entsetzt über die Hoffnungslosigkeit der Situation neigen wir dazu, dieses Muster zu verdrängen und zu verlangen. Stattdessen sollten wir es erkennen und der Wahrheit ins Gesicht sehen. Und was ist die Wahrheit? Dass wir Angst haben, unglücklich sind, kein Selbstwertgefühl besitzen und versuchen, eine emotionale Leere auszufüllen?

Nichts kann Selbstliebe und Selbstrespekt ersetzen, kein So-tun-als-ob, keine Aktivität und keine Droge. Wenn dein Geist schwach ist, wirkt sich diese Schwäche unmittelbar auf deinen Körper und deine Seele aus. Anfangs mag noch nicht viel darauf hindeuten, aber nach einiger Zeit kannst du deinen Zustand nicht länger überspielen. Dein Körper rebelliert, deine Seele schreit, und dein geistiger Zustand verschlechtert sich zunehmend. Achte daher aufmerksam auf deine geistige Verfassung. Lass nicht zu, dass andere Menschen Entscheidungen für dich treffen und einen so großen Einfluss auf dein Leben haben, dass du unterzugehen drohst.

> **DENK IMMER DARAN, WER DU BIST- DU BIST EIN KIND GOTTES.**
> **MIT DEM RECHT AUF GLÜCK, WOHLSTAND UND GÖTTLICHEN SCHÜTZ.**

Du bist niemals allein, und auch wenn die Verzweiflung dich an den Rand des Abgrunds führt, ist es nie zu spät, deine Hand auszustrecken und dich an dem letzten Ast festzuklammern, um dich mit eigener Kraft aus der Schlucht zu ziehen. Wenn dir das nicht gelingt, hast du einen Fall vor dir, und der Aufprall wird tödlich sein.

Reiß dich also zusammen, bereite dich auf die Schlacht deines Lebens vor und verscheuche die Geister der Schwachheit, die dein Leben beherrschen wollen. Du kannst es und du wirst es schaffen. Du wirst deinen träum verwirklichen, denn du bist jederzeit von der göttlichen Macht beschützt. Aber du musst zuhören und ständig das mantra wiederholen: "Ich werde jetzt und für immer mehr geliebt, als ich mir jemals vorstellen kann."

INNERE EINSTIMMUNG

"Ich bin bereit, für mich selbst einzustehen und alles tun, um meinen Körper, meinen Geist und meine Selle zu beschützen. Nichts wird mir zustoßen, weil ich es so will."

VISUALISIERUNG

Such dir einen ruhigen und ungestörten Platz. Atme tief und langsam einend aus und entspann dich vollkommen. Mit jedem Atemzug spürst du, wie dein Körper immer mehr in einen Zustand tiefer Entspannung gleitet,

Stell dir vor, du bist in einer schwierigen Situation. Vielleicht versucht jemand dich zu etwas zu überreden, was nicht gut für dich ist. Oder du bist gerade dabei, dich selbst in große Probleme zu bringen. Du weißt, dass das, was an dich herangetragen wird, keine gute Idee ist. Du weißt, dass du die Finger davonlassen und auf der Stelle gehen oder nein sagen solltest. Aber du hörst eine feine Stimme, die dir zuflüstert: "TTu es. Es ist doch nicht schlimm. Du wirst schon nicht gefasst werden. Niemand wird davon etwas mitbekommen. Dein Körper kommt damit schon klar." Du hast beinah das Gefühl, als ob eine andere Person in deinem Kopf wäre, die dich dazu ermuntern will, etwas Schlechtes zu tun.

Stell dir einen kleinen Zwerg vor, nicht größer als eine Briefmarke. Er sitzt in deinem Ohr, und es ist seine Stimme, die du hörst. Eigentlich kennst du Zwerge als liebevolle Geschöpfe, aber dieser hier ist griesgrämig und schlecht gelaunt. Er hat dir nichts Positives zu sagen, denn er hat Probleme und fühlt sich allein. Er möchte jemanden haben, damit er sich nicht so allein fühlt, wenn er schlechte Dinge tut. Also setzt er sich in dein Ohr und hört deinen Gedanken zu. Er merkt, dass du nicht immer auf die beschützende Stimme deiner Intuition hörst. Du bist innerlich schwach und leicht zu beeinflussen. Du kümmerst dich anscheinend nicht genug und die eigene Person und so fühlt er, dass du dir selbst keine Liebe entgegenbringst. Du bist für ihn ein gefundenes Fressen. Bei der ersten Gelegenheit wird er dir etwas ins Ohr flüstern, um dich zu etwas zu verfügen, das ungesund, gefährlich oder gar selbstzerstörerisch ist. Der Zwerg verkörpert deine Unsicherheit. Je größer sie ist, desto lauter sind seine Worte. Je mehr du versuchst, deine innere Stimme zu überhören, umso aufdringlicher wird er, bis er schließlich dein Denken übernimmt. Du musst die Kontrolle über deinen Geist zurückerobern. Niemand anders hat etwas in deinem Kopf zu suchen. Beobachte, wie der Zwerg immer kleiner wird. Seine Stimme ist ganz leise, und du kannst ihn kaum noch hören. Sag, dass er verschwinden soll. Nun ist er weg. Du weißt, dass du die Kontrolle über ihn und deine Laster hast. Du hast deine Sicherheit wieder, deine Lebenslust ist zurückgekehrt, und du hörst jetzt nur noch auf dich selbst.

AFFIRMATION

"ICH ÜBERNEHME DIE VOLLE VERANTWORTUNG FÜR MICH UND HÖRE
NUR NOCH AUF DIE WEISE UND LIEBEVOLLE STIMME MEINER INTUITION.
ICH LIEBE UND RESPEKTIERE MICH JETZT UND FÜR ALLE ZEIT."

TAGEBUCH

Mach eine Liste deiner selbstzerstörerischen Tendenzen. Frag dich ehrlich, warum du es diesen Gewohnheiten erlaubst, dein Leben zu beherrschen. Ist es Einsamkeit, geringes Selbstwertgefühl, Langeweile oder tiefes Unglücken? Welche Emotionen überspielst du mit deinem selbstzerstörerischen Verhalten? Was kannst du bewusst tun, um dein Verhalten zu verändern? Was willst du hören, damit du von deinem für dich destruktiven Tun ablässt?

Führ die Visualisierung durch und achte darauf, welche Wirkung sie auf dich hat. Glaubst du, du bist stark genug, um deine negativen Tendenzen zu überwinden? Wenn nicht, wo könntest du dir Hilfe holen? Was hält dich zurück? Wann fängst du damit an, gut und liebevoll mit dir selbst umzugehen?

39. SCHUTZ DURCH ANDERE MENSCHEN

Nachdem du den energetischen Schutzschild deines Körpers gestärkt hast, kannst du darangehen, einen noch umfassenderen Schutzbereich um dich herum zu errichten. Es ist von entscheidender Bedeutung, dass du dir zu Hause eine sichere und friedliche Umgebung schaffst. Diese geschützte Energie kannst du dann mit in den Tag nehmen; du kannst sie ausweiten und gleichgesinnte Menschen anziehen.

Deine Aura ist zwar für ungeübte Augen nicht sichtbar, aber sie kann Gefühl werden. Dein persönlicher Magnetismus beeinflusst jede Person in deiner unmittelbaren Umgebung. Der Magnetismus steht im engen Zusammenhang mit dem Schwingungsniveau deiner Aura. Wenn dein ätherisches Feld groß und stark ist, fühlen sich die Menschen zu dir hingezogen, die sensibel und aufnahmefähig für deine energetische Schwingung sind. Gleiches zieht Gleiches an.

> ES IST WICHTIG, FÜR DEIN WOHLBEFINDEN UND DEINE SICHERHEIT, DASS DU VERANTWORTUNG FÜR DIENE GEISTIGE VERFASSUNG ÜBERNIMMST UND DEINE STÄRKEN UND SCHWÄCHEN KENNST.

Wenn du voller Angst und Zweifel bist, nimm dir die Zeit, um wieder aufzutanken und deine Energie zu stärken. Es ist klüger, sich mit einer positiven Einstellung und voller Vertrauen in die Welt zu begeben.

Wir wissen alle, was Mann fühlt, wenn eine Person mit einer starken Präsenz den Räum betritt. Alle bemerken ihre Erscheinen uns schauen sie an, weil auf unbewusster Ebene ihre Energie wahrgenommen wird. Der ganze Räum wird dadurch auf der Stelle transformiert, da die Energien auf neuem Niveau miteinander verschmelzen. Auch wenn du dir dessen nicht bewusst bist, ist es die Schwingung einer Person, die dich anzieht und dich auf sie aufmerksam werden lässt. Ist die Schwingung magentisch positiv, fühlst du dich angezogen und du spürst den Drang auf sie zuzugehen und mit ihr zu kommunizieren. Du möchtest einfach in ihrem Energiefeld sein. Wenn du mit spirituell ausstrahlenden Seelen in Verbindung sein möchtest, musst du ihre Energie zuerst selbst ausstrahlen. Geh mit Selbstvertrauen und Selbstwertgefühl zur Sache, richte dich aus und begegne der Welt selbstischer und bereit für einen Austausch unter Gleichen. Am besten schaffst du ein Balance zwischen Geben und Nehmen.

Wenn du ängstlich und bedürftig bist und nach jemandem Ausschau hältst, der dir hilft, du selbst zu sein, wirst du nur einen Menschen finden, der dir ähnlich ist. Mach dir nicht vor, dass du bekommen wirst, was du brauchst, ohne dafür einen Preis zu zahlen. Jede Situation hält eine Lektion bereit. Es mag den Anschein haben, als unterstützte dich die Person auf deiner Entdeckungsreise zu dir selbst, in Wahrheit aber braucht sie deine abhängige Energie. Sie fühlt sich selbst dadurch stärker, dass sie Menschen wie dich anzieht— Menschen, die bedürftig und unsicher sind. Wenn du dich danach sehnst, eine ehrliche und von sich ausgebende Person kennenzulernen, solltest du darauf achten, dass auch du tief in deiner Seele aus der gleichen Grundeinstellung heraus handelst. Öffne dich gegenüber Kräften, die dich darin unterstützen, deine Berufung zu finden. Zu wissen, wer du bist und was du willst, ist dabei von größter Bedeutung.

Kennst du dich und magst du dich so, wie du bist? Ist es für dich normal, Zeit mit dir selbst zu verbringen? Wenn du das Alleinsein hasst, warum glaubst du dann, du wärest für einen anderen die reinste Freude? Erst wenn du dich selbst kennen und lieben kannst, bust du in die Position, dass du eine Seele anziehen kannst, die genauso selbstgenügsam und zufrieden ist wie du. Im anderen Fall entstünde ein energetisches Ungleichgewicht. Harmonie herzustellen bedeutet Arbeit an dir selbst. Deine Beziehung zur Familie und zu Freunden, also zu den Menschen, mit denen zu Zeit verbringst oder sogar dein Leben teilst, sollte hingegen kein Bereich sein, in dem du hart arbeiten musst. Die Beziehung sollte ein Gefühl vermitteln, dass sie "richtig ist und es sollte dort Platz fuhren, Wachstum, Harmonie und Frieden geben. Nur auf diese Weise wird dein elektromagnetisches Energiefeld mit dem anderen Person verschmelzen und zusammen ist ihr dann unbezwingbar.

INNERE EINSTIMMUNG

"Ich vertraue meiner eigenen Kraft. Ich bin bereit, mich zu öffnen und gleichgesinnte Seelen anzuziehen, die mir helfen, zu wachsen, intensiver zu lieben und erfolgreich zu sein. Zusammen erzeugen wir ein sicheres und friedliches Energiefeld, das sich immer mehr ausweitet."

VISUALISIERUNG

Such dir einen ruhigen und ungestörten Platz. Atme langsam und tief ein und aus und entspann dich vollkommen. Mit jedem Atemzug relaxt du dich mehr, bis du dich schließlich in einem Zustand tiefer innerer Ruhe und Zufriedenheit befindest.

Stell dir den Ozean vor. Er ist wild und mächtig. Seine silberblaue Farbe glitzert im Sonnenlicht, und das perfekte Blau des Himmels gibt dir einen Einblick in die Schönheit einer anderen Welt.

Du schwimmst in diesem Ozean. Es fühlt sich erfrischend und belebend an. Du schwimmst weit hinaus und denkst kurz an mögliche Gefahren. Im selben Moment ziehen deine ängstlichen Gedanken ein gefährliches Wesen ein. Ein großer Hai kommt auf dich zu, und es gibt keine Möglichkeit, ihm auszuweichen. Du hast keine Zeit mehr zu fliehen, und die läge ist hoffnungslos.

Du konzentrierst dich und visualisierst deine Freunde, die Delphine. Kaum hast du sie im Geiste herbeigerufen, schwimmen sie auch schon neben dir. Ihre Überzahl schlägt den Hai in die Flucht und er verschwindet genauso schnell wie er gekommen ist. Die Delphine hingegen bleiben so lange an deiner Seite, bis du wieder sicher zurück am Strand bist. Mit ihrem Geschnatter teilen sie dir ihre Liebe und Loyalität mit. Sie versprechen, immer da zu sein, um dir zu helfen und dich zu beschützen. Du wirst das Gleiche für sie tun. Immer wo sich dir die Gelegenheit bietet, wirst du dich für den Erhalt und Schutz der Delphine einsetzen. Du hast sie in positiver Absicht in dein Leben hineingezogen und damit das beschützende Feld für alle verstärkt.

AFFIRMATION

**"ICH WERDE VON DEN MENSCHEN UND TIEREN BESCHÜTZT,
DIE MICH AUF MEINEM WEG BEGLEITEN.
SIE HELFEN MIR AUS SCHWIERIGKEITEN UND GEFAHREN.
ZUSAMMEN DEHNEN WIR UNSER BESCHÜTZENDES FELD
IMMER WEITER AUS."**

TAGEBUCH

Schreib nieder, auf welche Menschen du eine Anziehungskraft ausübst.

Beschützen sie dich?

Sind sie leibvoll und kannst du dich auf sie verlassen?

Was hast du ihnen anzubieten?

Hättest du gerne mehr Freunde, denen du vertrauen kannst?

Was ist für dich eine Freundschaft das Zeichen für Loyalität?

Achte darauf, wie diese Visualisierung dein Bewusstsein für die Notwendigkeit von ausreichendem Schutz verstärkt.

Hast du jemals einen Schutz abgelehnt, der dir angeboten wurde?

Was kannst du in Zukunft dafür tun, dass du die Hilfe und den Schutz leichter annehmen kannst, den dir das Universum schickt?

40. DU SAGST, WO ES LANGGEHT

Wie oft gibst du anderen die Schuld für unliebsame Ereignisse oder Situationen, die scheinbar alles durcheinander bringen? Wie würdest du dich stattdessen verhalten? Bleibst du im Auge des Sturms ruhig und zuversichtlich oder lässt du dich hilflos umherlagen wie ein Stück Papier? Es ist viel einfacher, alles auf andere oder auf die Umstände zu schieben, anstatt der Tatsache ins Gesicht zu schauen, dass du die geistige Kontrolle verloren hast. Du konntest nicht mehr zwischen rechts oder links unterscheiden und hattest keine Ahnung, was du machen solltest. Ich möchte dich damit nicht tadeln oder dir ein schlechtes Gefühl geben, sondern dich daran erinnern, das anzuwenden, was dir gegeben wurde- die Kraft deines Geistes. Du hast noch nicht erkannt, dass du über eine unermessliche Macht verfügst.

> IN DER ZUKUNFT WIRD DIE MENSCHHEIT DIESER EINZIGARTIGEN MACHT MEHR AUFMERKSAMKEIT SCHENKEN. RÄUMLICHE UND ZEITLICHE ENTFERNUNGEN WERDEN BEDEUTUNGSLOS, WENN DEIN GEIST SIE MÜHELOS DURCHQUEREN KANN.

Bestimmt has du schon mal davon geträumt, jemandem eine Mitteilung schicken zu können, ohne dafür Post, Telefon oder Internet benutzen zu müssen. Wenn du jedoch noch nicht einmal im Alltag deine Gedanken unter Kontrolle bringen kannst, wie willst du es dann schaffen, per Gedankenübertragung zu kommunizieren? Vor und liegt also eine Menge Arbeit und zwar innere Arbeit an uns selbst. Wir müssen uns unsere Zweifel, unsere Ängste und unsere täglichen Anforderungen vergegenwärtigen, die uns davon abhalten, geistig strak und klar zu sein. Jetzt ist es der beste Moment, dafür die Verantwortung zu übernehmen.

Um mit deiner Seele sprechen zu können, muss dein Geist Ruhe geben. Nur dann kannst du auf deine innere Stimme hören. In der ruhigen Abgeschlossenheit deines Zuhauses ist es relativ einfach, dieser Stimme zu lauschen, aber was geschieht, wenn du wieder hinaus in die Welt musst und ihrem Lärm, ihren visuellen Ablenkungen und den Gedanken und Schwingungen anderer Menschen ausgesetzt bist? Gelingt es dir dann auch noch, einen ruhigen Geist zu bewahren?

Dies ist dein nächster Schritt. Bewahre einen ruhigen Geist, egal wo du gerade bist. Nachdem du es geschafft hast, deinen Geist in den eigenen view Wänden zur Ruhe zu bringen und vielleicht sogar fähig bist, auch im Alltag, in der Stadt, beim Busfahren, bei der Arbeit oder wenn du vor dem Bankschalter in einer langen Schlange warten musst, Ruhe zu bewahren, bist du bereit für die nächste Herausforderung. Wie sieht es aus, wenn ein heftiges, unerwartetes Ereignis eintritt? Kannst du auch dann ruhig bleiben? Und zwar nicht unbeteiligt und gleichgültig, sondern innerlich vorbereitet und mit wachem Bewusstsein? Diese Meisterschaft sollten wir anstreben. Sie wird uns dabei helfen, Fehler zu vermeiden und uns nicht gegenseitig dadurch zu verletzen, dass wir nicht überlegt, sondern nur impulsiv handeln.

INNERE EINSTIMMUNG

"Ich bin mir der Macht meines Geistes bewusst.
Ich strebe danach, meinen Geist zu beruhigen und unter meine bewusste Kontrolle zu bringen."

VISUALISIERUNG

Such dir einen ruhigen und ungestörten Platz. Atme langsam und tief ein und aus und entspann dich vollkommen. Mit jedem Atemzug entspannst du dich mehr, bis du dich schließlich in einem Zustand tiefer innerer Ruhe und Zufriedenheit befindest.

Stell dir den Ozean vor. Die Sonne geht unter, und die Sicht ist atemberaubend schön. Du bist der Kapitän eines schönen Segelbootes. Du besitzt es schon seit langem und hast es immer sehr gepflegt. Das Boot ist dein ganzer Stolz. Du segelst hinaus aufs Meer und genießt jede Sekunde. Du hältst dich für einen guten Kapitän, denn du hast so manchen Sturm überstanden und bist immer sicher in den Hafen zurückgekehrt. Aber im Grunde deines Herzens liebst du die Gefahr. Du suchst immer nach Herausforderungen und heute ist wieder so ein Tag, um dich zu beweisen. Die Wettervorhersage hat vor einem herabziehenden Unwetter gewarnt, aber dennoch sitzt du in deinem Boot und fährst aufs Meer hinaus. Du weißt, dass das Wetter in jedem Moment umschlagen kann, aber du liebst das Prickeln der Gefahr. Du bist erregt und fühlst dich lebendig.

Dann passiert es. Der vorhergesagte Sturm entlädt sich mit ganzer Kraft. Die Wellen wachsen zu riesigen Bergen an und der Sturm bläst erbarmungslos. Tapfer und ohne Angst versuchst du, alles unter Kontrolle zu behalten und nicht über Bord zu gehen. Wie aus dem Nichts taucht auf einmal eine riesige Welle auf. Sie überspült das Boot und schmeißt dich ins Wasser. Du bist plötzlich in einer lebensbedrohlichen Situation, denn niemand ist da, um dir zu helfen. Eine Sicherheitsleine hängt vom Boot ins Wasser, und so setzt du alles daran, sie zu ergreifen. Mit all deiner Kraft hältst du dich am Seilfest. Das Segelboot ist außer Kontrolle und wird von den Wellen him und her geworfen. Der Sturm wütet ohne Ende und du merkst, wie deine Kräfte nachlassen. Aber dein Geist ist fest entschlossen, die bedrohliche Situation zu meistern, und es gelingt dir mit letzter Kraft, dich ins Boot zu ziehen und es unter Kontrolle zu bringen. Sobald du wieder im Boot bist, lässt der Sturm nach, und kurz darauf ist das Meer wieder ruhig und glatt.

Eine intensive Stille breitet sich über dem Ozean aus, und obwohl du dich wie jemand fühlst, der gerade dem Schlachtgetümmel entkommen ist, navigierst du das Segelboot sicher zurück zur Küste. Du hast geschafft, das Boot unter Kontrolle zu behalten, selbst in einer Situation, in der alles schief zu gehen schien. Du weißt, dass du immer die Verantwortung für deine Segeltouren hast. Egal wie wild der Sturm und wie unbändig die Wellen sind, du bist der Kapitän dieses Schiffs und wirst es auch immer sein. Du bist der Boss.

Visualisiere, wie du sicher den Hafen erreichst und zufrieden lächelst. Du hast es wieder einmal geschafft. Das Segelboot symbolisiert deinen Geist, immer ruhelos und unvorhersehbar. Aber selbst wenn die äußeren Elemente deine geistigen Segel zu verwüsten drohen, bleibst du auf deinem Kurs und überlebst. Denk immer daran, dass du, der Kapitän, das Schiff führst und die Wellen sich wieder beruhigen. Achte einfach nur darauf, wohin du segeln willst. Behalt die Vision des Segelbootes vor deinem geistigen Auge und sei dir bewusst, dass du die Verantwortung trägst für das, was geschieht.

AFFIRMATION

"WELCHE LEBENSSTÜRME MEINER SEGEL AUCH HABHAFT WERDEN WOLLEN, ICH BLEIBE RUHIG UND BIN FEST ENTSCHLOSSEN, SICHER NACH HAUSE ZURÜCKZUKEHREN."

TAGEBUCH

Schreib auf, welchen Eindruck diese Visualisierung auf dich gemacht hat.

Kannst du dich mit dem Kapitän und seiner Entschlossenheit in Beziehung setzen?

Würdest du dich ähnlich verhalten und unbeirrten dein Überleben glauben?

Denk an eine ähnliche Situation in deinem Leben.

Eine Situation, die dich voll in Beschlag nimmt und wie ein Sturm aufwühlt.

Kannst du ihr Standhalten und dich daran erinnern, in wessen Boot du sitzt, ein wessen Geist gefordert ist?

Es ist dein unbeirrter Geisteszustand, auf den es ankommt. Auch in scheinbar aussichtslosen Situationen behältst du deinen Geist unter Kontrolle und bleibst stark. Achte darauf, wie diese Erkenntnis bewirkt, dass du dich weniger hilflos fühlst. Sie weckt in dir erneut die Kraft, mit der du deinen Geist beherrschst. Beobachte, welchen Einfluss diese Einstellung auf deine Zukunft hat und wie das Vertrauen in dir wächst, dass du deinen Geist in jeder Situation unter Kontrolle hast.

TEIL X.

SCHUTZ

Schutz für deine Seele

~ ICH LEBE IM LICHT, ICH BIN LICHT, ICH BIN SICHER IM LICHT ~

41. DIE SELLE KENNT DEN WEG

Ja, du kennst die antworten auf all deine inneren Fragen. Intuitiv weißt du alles, was du jemals wissen willst. Wenn du dich in jemanden verliebst, weißt du irgendwo tief in deiner Seele, dass dieser Mensch die richtige Person für dich ist. Du musst nicht notwendigerweise eine Stimme hören, denn ein Gefühl der Allwissenheit durchdringt dein ganzes Wesen mit absoluter Sicherheit. Genauso wie du manchmal weißt, dass zu einem gewissen Zeitpunkt etwas Bestimmtes geschieht und jemand dich anrufen wird.

> VORAHNUNGEN VON EREIGNISSEN SIND BOTSCHAFTEN AUS DEN TIEFEN DEINER SEELE. WENN DU DICH ENTSCHLIESST, AUF SIE ZU HÖREN, WIRD DEIN LEBEN INTERESSANTER, SINNVOLLER UND GLÜCKLICHER.

Du worst schließlich in vollständiger Synchronizität mit deiner Seele leben: Ein Gefühl innerer Zufriedenheit wird sich einstellen, weil du weißt, dass du zur rechten Zeit am richtigen Ort mit der richtigen Person zusammen bist. Deshalb ist es so wichtig, diesem ganzen Bereich deine ungeteilte Aufmerksamkeit zu schenken. Die meiste Unzufriedenheit und Disharmonie entsteht dadurch, dass wir uns abtrennen und das tiefe Wissen in unserer Seele ignorieren. Wir hören nicht auf unsere innere Stimme, sei es aus Angst, materieller Unsicherheit, geringen Selbstwertgefühl und tief sitzenden Zweifeln. Wir zweifeln and der Kraft unserer Seele und an ihrer Unsterblichkeit. Stattdessen versuchen wir verbissen, alles mit unserem Verstand erklären und lösen zu wollen. Wir hören kaum noch auf unser Herz und vergessen unsere Seele.

Über kurz oder lang führt uns unsere Lebensreise jedoch wieder an den Anfang zurück. Wir kommen nicht umhin, uns selbst kennen zu lernen und tief in unserem Innern die Kraftquelle zu finden, die uns jederzeit zur Verfügung steht. Schaff dir Zugang zu deinem inneren Wissen und denk immer daran, dass deine Seele unzerstörbar und unsterblich ist. Verbinde dein Leben in dieser Welt mit dem höheren Wissen deiner Seele und erweitere deinen Horizont bis jenseits der Sterne. Das alles existiert für dich. Du brauchst nur zu erkennen und zu vertrauen und ein Leben zu genießen.

INNERE EINSTIMMUNG

"Ich weiß, dass meine Seele ein Teil der ewigen göttlichen Kraft ist.
Ich werde mir das Wissen meiner Seele erschließen."

VISUALISIERUNG

Such dir einen ruhigen und ungestörten Platz. Atme tiefen und aus und entspann dich vollkommen. Lass alles los. Atme weiter und entspann dich mit jedem Atemzug tiefer, bis du in einem Zustand völliger Gelassenheit und inneren Friedens bist.

Stell dir eine alte Landstraße vor. Du kennst sie und bist schon oft auf ihr gewandert. Es ist die Straße, die zu dir nach Hause führt. Sie verbindet dich mit vielen verschiedenen Orten. Mit ihrer Hilfe kannst du überall auf der Welt hingelangen. Dir ist allerdings nur der Straßenabschnitt in unmittelbarer Nähe deines Zuhauses bekannt, weil du jeden Abend heimkehrst, um dich auszuruhen.

Täglich erwachst du mit dem Wunsch, auf dieser Straße weiterzugehen und zu sehen, wohin sie dich führt. Es gibt vieles zu erkunden und viele neue Menschen zu treffen. Bei deiner Reise auf dieser Straße hast du Freunde und Liebespartner gefunden, aber auch Menschen, mit denen du dich nicht so gut verstehst. Du hattest glückliche und erleuchtende Erfahrungen, musstest jedoch ebenso schwierige und herausfordernde Situationen bestehen. Und was auch im Einzelnen geschah, du hast immer wieder den richtigen Weg zurück nach Hause gefunden.

Es ist früh am Morgen und du verlässt gerade das Haus auf dem Weg zu einer neuen Erfahrung. Du weißt nicht, wohin dich dein Weg führt, wem du begegnen wirst und was heute insgesamt geschehen wird. Du hast eine Idee, was du machen willst, aber jedes Mal, wenn du dir etwas vornimmst und gewisse Erwartungen hast, verändert sich alles und wird ganz anders, als du es dir vorgestellt hast. Auch dieser Tag wird also wieder eine Überraschung für dich bereithalten.

Während du so die Straße entlanggehst, entdeckst du auf einmal, dass sich die Straße gabelt. Welchen Weg sollst du nehmen? Rechts neben der Straße steht ein alter, knorriger Olivenbaum, der aussieht, als hätte er schon viele Stürme überstanden. Du beschließt dich in seinen Schatten zu setzen und ein wenig auszuruhen. In dem Moment, da du unter dem Baum Platz genommen hast, weißt du, dass du in diese Richtung gehen musst. Es ist, als ob der Baum dir ein stummes Signal gegeben hätte. Du weißt ganz sicher, dass dieser Baum dich beschützt. Während deiner Reise auf dieser Straße triffst du diesen Baum jeden Tag an einem anderen Ort. Immer wenn sich die Straße gabelt oder du an eine Kreuzung kommst, siehst du diesen Baum. Und immer wenn du dich in seinen Schatten setzt, offenbart er dir den richtigen Weg.

Der Baum ist dein ständiger Begleiter und sendet dir nützliche Botschaften. Er spendet dir nicht nur Schatten, sondern bietet dir seinen Schutz und Ratschlag an. Wenn du am Abend von deiner Reise zurückkehrst, steht er vor deiner Haustür, als ob er dort schon immer gestanden hätte. Dieser Baum ist dein geistiger Führer.

AFFIRMATION

"ICH ÖFFNE MICH MEINER VISION UND FINDE MEINE GEISTFÜHRER.
ICH ACHTE AUF DEN SCHUTZ UND DIE FÜHRUNG.
DIE WEISHEIT UND DIE BEHAGLICHKEIT, DIE SIE MIR ANBIETEN."

TAGEBUCH

Schreib auf, wie du dich vor dieser Erfahrung in Bezug auf deinen Geistführer fühlst. Hast du jemals geglaubt, dass du sie finden wirst? Glaubst du dir? Hattest du jemals das Gefühl, von einer unsichtbaren Kraft geleitet zu werden, die dich schützt und in die richtige Richtung lenkt?

Achte auf alles, was dir in den Sinn kommt, ohne zu viel zu analysieren und nach logischen Erklärungen zu suchen. In welcher Weise beeinflusst diese Übung deine Offenheit gegenüber Geistführern? Beobachte in den kommenden Tagen alles, was deine Entscheidungsfindung beeinflusst. Such in deiner Seele und schau nach, ob du dort deinen Geistführer findest.

42. WAS DIE SELLE ZU SAGEN HAT

Wie oft hörst du auf deine innere Stimme? Unsere Seele spricht zu uns allen, aber hören wir auch zu? Wenn wir vor einer Herausforderung stehen, wissen wir oft im Innern, dass es einen Moment gab, als wir eine warnende Stimme gehört haben, ein Alarmsignal, das verzweifelt versucht hat, uns zu alarmieren und vor einem großen Fehler zu bewahren. Diese innere Stimme hat alles getan, was in ihrer Macht stand, um uns vor drohendem Unheil zu beschützen. Leider kann diese Stimme uns nicht zwingen zuzuhören. Wenn wir nicht auf ihre Eingebung hören, kann sie den Lauf der Dinge nicht positiv beeinflussen. Es ist, wie wenn du ein kleines Kind beobachtest, das auf einer heißen Herdplatte zuläuft. Du schreist, um es aufzuhalten, aber es hört nicht auf dich und daher wird es die Platte berühren und sich die Finger verbrennen. Genau das gleiche geschieht mit uns—wir verbrennen uns. Und in dem Moment, wo wir dem Schmerz spüren, wissen wir: "Ah, ich habe die kleine Stimme gehört, die sagte, ich solle aufpassen. Ich wusste, dass sie mir etwas mitteilen wollte, aber ich habe nicht auf sie gehört." Das Kind weiß hinterher, dass es nie wieder eine heiße Herdplatte berühren wird, und wir sind hoffentlich so schlau, beim nächsten Mal auf unsere innere Stimme zu hören.

> WENN WIR UNS WEIGERN, AUF UNSERE INNERE STIMME ZU HÖREN, VERSUCHT SIE VIELLEICHT AUF ANDERE WEISE ZU UNS DURCHZUDRINGEN.

Zum Beispiel durch ein Lied im Radio. Du hast es gerade erst angeschaltet, und der Text des Stücks, das du hörst, gibt die exakte Antwort auf eine Frage, die dich zurzeit beschäftigt. Ist dir so etwas schon mal passiert? Möglicherweise hast du immer noch Zweifel und denkst: "Das kann doch nicht wahr sein." Bis dir auf einmal ein Freund aus heiterem Himmel einen Ratschlag gibt, der für ihn überhaupt keinen Sinn macht, wohl aber für dich. Dies ist die zweite Warnung, die du erhältst. Aber hörst du auch zu? Vielleicht. Aber dann hast du das Glück und deine Seele versucht zum dritten Mal, dich zum Zuhören zu bringen. Schließlich bist du bereit, die Botschaft in Empfang zu nehmen, weil du erkennst, dass es so viele Zufälle gar nicht geben kann. Im Grunde weißt du, dass es keine "Zufälle" gibt. Alles ist Teil eines perfekten Plans. Er ist so großartig und überwältigend, dass du ihn dir noch nicht einmal in deinen wildesten Fantasien vorstellen kannst. Wenn dein eigener Plan fehlgeschlagen ist und deine Träume zerplatzt sind, erlebst du eine unerwartete Überraschung. Der Lauf der Dinge nimmt eine plötzliche Wendung und deine Träume werden wahr, jedoch nicht so, wie du es dir vorgestellt hast, sondern noch viel besser.

Vertraue den Ereignissen und hör auf deine innere Stimme. Deine Seele weiß Bescheid und hat dir viel mitzuteilen. Vielleicht will sie dir genau in diesem Moment etwas zuflüstern. Wenn du wirklich bereit bist, wirst du ihre Antwort auf deine Fragen hören.

INNERE EINSTIMMUNG

"In meiner Seele ist meine gesamte Vergangenheit gespeichert.
Ich werde auf sie hören und von ihr lernen."

VISUALISIERUNG

Such dir einen ruhigen und ungestörten Platz. Atme tief ein und aus und entspann dich vollkommen. Mit jedem Atemzug sinkst du in einen tieferen Zustand inneren Friedens.

Stell dir vor, du sitzt auf einer großen, wunderschönen Wiese. Es ist ein sonniger Tag, und du genießt die herrliche Aussicht. Atme die frische Luft und entspann dich vollkommen. In der Ferne bemerkst du ein Pferd. Das schöne Tier beginnt kraftvoll und majestätisch auf dich zuzulaufen. Jemand reitet auf diesem Pferd, aber du kannst ich nicht erkennen. Schließlich kommt das Pferd vor dir zum Stehen. Ein zartes Engelwesen sitzt auf seinem Rücken. Es lächelt und schaut dich mit liebenden und allwissenden Augen an.

"Wer bist du?" fragst du den Engel.
"Ich bin die stimme deiner Seele. Ich kann jede From annehmen, die du wünschst. Heute erscheine ich als Engel ganz so, wie du es gewollt hast. Du hast mich gerufen und hier bin ich."
Der Engel schaut dich mit wehendem Haar an, und sein heiterer Blick scheint nicht von dieser Welt zu sein.
"Ich kann mich nicht daran erinnern, dich gerufen zu haben, aber ich bin froh, dass du da bist und wir uns kennen lernen. Hast du mir etwas zu sagen?"
"O ja, ich habe die Antworten, nach denen du dich sehnst. Frag mich alles, was du wissen willst."
Er lächelt dich an und wartet geduldig.
"Wie kann ich mein Bewusstsein ausweiten und das Wissen erlangen, das du besitzt?" fragst du ihm.
"Dein Bewusstsein ist unbegrenzt, aber du setzt ihm ständig Grenzen", antwortet der Engel.
Der Wind wird stärker und das Pferd immer unruhiger.
"Werden meine Wünsche in Erfüllung gehen?"

"Nur wenn du den Segen, den du empfängst, mit anderen teilst und dabei hilfst, Frieden in die Welt zu bringen."

Das Pferd macht eine Drehung und will den Engel gerade forttragen.

"Wann werde ich dich wiedersehen? Ich habe noch so viele Fragen und möchte noch so viel wissen."

Bevor der Engel wieder verschwindet, dreht sich das Pferd noch einmal für einen kurzen Augenblick um. Der Engel schaut dir tief in die Augen und sagt:

"Ich bin in jedem Moment bei dir. Ich weine deine Tränen und kenne deine Träume. Ich beschütze dich in der Not und tröste dich, wenn du Kummer hast. Ich erinnere dich immer daran, dass du nicht allein bist und bedingungslos geliebt wirst, mehr, als du dir jemals vorstellen kannst."

Er schenkt dir noch mal seine ganze Liebe und im nächsten Moment schon ist er hinter dem Horizont verschwunden. Du bist zufrieden und fühlst dich erleichtert und sehr geliebt.

AFFIRMATION

"ICH HÖRE IMMER AUF MEINE INNERE STIMME. SIE IST VOLLER LIEBE FÜR MICH UND ALLE LEBENDEN WESEN DIESER WELT."

TAGEBUCH

Was für ein Gefühl hattest du bei dieser Visualisierung? Hat sie dir geholfen, dein Bewusstsein über die Grenzen hinweg zu erweitern, die du ihm setzt?

Hast du jemals gedacht, dass du deiner Seele einen bildlichen Ausdruck geben kannst?

Fühlst du dich wohler und beschützter, wenn du weißt, dass du immer mit deinem höheren Selbst sprechen kannst?

Wiederhole die Visualisierung nach ein paar Wochen und unterhalte dich länger mit deinem inneren Engel. Schreib auf, welche Fragen dir spontan in den Sinn kamen und welche Antworten du vernommen hast. Beobachte, wie diese Übung dein Bewusstsein erweitert und dir dabei hilft, dich wieder mit deiner Seele zu verbinden und mit ihr zu kommunizieren.

43. DIE SELLE IST LIEBE

L iebe hört niemals auf zu existieren. Sie kennt keine Beschränkung durch Raum und Zeit. Dass man sich von einer Minute zu anderen in jemanden verlieben kann, klingt für manche unglaublich, aber es geschieht. Und fast alle Menschen haben das schon mal erlebt. Man kennt sich aus einer anderen Zeit und einer anderen Umgebung und nimmt wieder Kontakt miteinander auf. Das Gefühl, sich schon ewig zu kennen, ist real. Ihr tut das tatsächlich. Die Selle des Menschen, den du liebst, verbindet sich auf ewig mit deiner eigenen Seele. Sie ist deine Zwillingsseele.

Wie erkennst du die Liebe deines Lebens? Wenn es die richtige Zeit ist, läuft sie dir über den Weg, und es besteht nicht der geringste Zweifel. Manchmal geschieht es, dass deine wahre Liebe jahrelang in deinem direkten Umfeld ist, aber du bist zu beschäftigt, um sie zu bemerken. Vielleicht ist die Person, mit der du am engsten befreundet bist, die dich in viele schmerzhaften Erfahrungen und unglücklichen Liebesbeziehungen begleitet hat, deine wahre Liebe. Du hast ein herzliches Verhältnis zu ihr und kannst dich voll auf sie verlassen. Nach Jahren erkennst du schließlich, dass sie deine wahre Liebe ist. Alles ist möglich, denn die Liebe hat viele überraschende Gesichter.

> DU KANNST DIR NICHT WILLENTLICH VORNEHMEN, DICH ZU VERLIEBEN.
> DU BIST EIN EINZIGARTIGES GESCHÖPF,
> UND DEINE LIEBESGESCHICHTE IST UNVORHERSEHBAR.

Vielleicht haben alle um dich herum bereits ihre wahre Liebe gefunden und nur du bist noch auf der Suche. Du verlierst allmählich die Hoffnung und glaubst, niemals deine wahre Liebe zu finden. Aber gib dir nicht der Verzweiflung hin. Es ist nie zu spät, um sich zu verlieben, und zur richtigen Zeit wird deine Liebe schon auftauchen. Natürlich ist es auch möglich, dass du mehrere Liebesbeziehungen im Leben hast und mit dieser Konstellation deine Erfahrungen machst. Deine erste Liebe wird zwar dein Leben verändern, aber sie ist vielleicht zwanzig Jahre später als Lebenspartner vollkommen ungeeignet.

Eine der großen Herausforderungen der Liebe besteht darin, durch die vielen Veränderungen des Lebens zu wachsen und miteinander verbunden zu bleiben. Meistens bewegt sich einer der Partner in eine andere Richtung und der andere kommt nicht hinterher und fühlt sich unwohl in Anbetracht einer neuen Person, die vor seinen Augen Gestalt hat.

annimmt. Manche müssen im Leben schwierige Situationen durchstehen, und bei anderen läuft alles glatt und vorhersehbar. Es ist nicht leicht, trotz unterschiedlicher Erfahrungen im Gleichgewicht zu bleiben und weiterhin auf der gleichen Wellenlänge zu sein.

Kommunikation ist alles. Dir sollte klar sein, dass du dich täglich veränderst und unaufhörlich wächst. Du musst deine Beziehung schützen und solltest es nicht zu vielen Außenstehenden erlauben, in deine Privatsphäre einzudringen. Alle geben dir sonst gute Ratschläge, die nur ihre eigenen Erlebnisse widerspiegeln, welche sich von deinen Erfahrungen vollkommen unterscheiden können und daher zu einem anderen Ergebnis führen müssen. Nur die zwei Menschen in einer Beziehung wissen genau, was zwischen ihnen abläuft. Hast du erst mal die Liebe deines Lebens gefunden, solltest du sie pflegen und hegen, damit sie wachsen und gedeihen kann, um für immer zu halten.

INNERE EINSTIMMUNG

"Ich bin offen für den abenteuerlichen Plan, den das Leben für mein Herz bereithält. Ich bin aufmerksam und frei von vorgefassten Ansichten, damit ich meine ewige Zwillingsseele finde."

VISUALISIERUNG

Such dir einen ruhigen und ungestörten Platz. Atme tief ein und aus und entspann dich vollkommen. Mit jedem Atemzug sinkst du tiefer in einen Zustand völliger Entspannung und inneren Friedens.

Stell dir vor, du sitzt am Ufer eines Sees, mitten in einem wunderschönen Vogelschutzgebiet. Es gibt viele verschiedene Arten von Vögeln, und ihr Anblick ist einfach zauberhaft. Du siehst kleine farbenfrohe und große schlaksige Vögel in unterschiedlichster Gesagt. Du beobachtest sie und genießt ihren Anblick. Alle Vögel scheinen in einer Paarbeziehung zu leben. Die Partner entfernen sich nie zu weit voneinander, sie halten immer einen liebevollen Blickkontakt und kümmern sich um den anderen. Sie kommen dabei ganz nah an dich heran und genießen die Heiterkeit dieses Ortes.

Auf einmal entdeckst du einen einsamen Vogel. Eine weiße Taube sitzt auf dem Ast eines kleinen Baumes und beobachtet alles aus der Distanz heraus. Die Taube sieht einsam aus und ist aber dennoch äußerst liebenswürdig. Irgendetwas an der Taube zieht dich zu ihr hin. Ihre Ruhe, ihr Abstand vom geschäftigen Treiben, ihr beobachtender Blick und ihre geduldige Haltung erwärmen dir das Herz.

Plötzlich fliegt die Taube weg. Wohin mag sie geflogen sein? Du bist ein wenig bekümmert, denn du hättest den schönen Vogel gern aus größerer Nähe betrachtet. Obwohl viele faszinierende und scheinbar interessanter aussehende Vögel um dich herum sind, denkst du nur noch an die Taube. Und dann bemerkst du, dass die Taube doch nicht weggeflogen ist. Sie hat einfach nur den Baum gewechselt. Nun sitzt sie in viel größerer Nähe zu dir. Du kannst sie dadurch besser sehen und betrachtest ihre leuchtenden Augen. Dieser Vogel ist wirklich etwas Besonderes für dich. Du weißt auch nicht genau, warum, aber du kannst deinen Blick nicht von ihm abwenden. Er hat dich verzaubert. Du spürst den Drang zu ihm anzugehen und dich mit ihm zu unterhalten. Der Vogel bemerkt dich. Er hatte dich schon aus der Ferne beobachtet. Du warst der Grund, warum er näher an dich herabgeflogen ist. Auch er wollte dich anscheinend aus der Nähe betrachten. Interessant. Was hat es mit diesem Vogel nur auf sich? Du verstehst es nicht, es macht alles keinen Sinn. Normalerweise magst du farbenprächtige, exotische Vögel, aber dennoch weicht dein Blick nicht von dieser Taube. Du entschließt dich also noch näher herauszugehen. Du stehst auf, breitest deine Flügel aus und fliegst zu ihr hin. Jetzt bemerkst du, dass auch du eine Taube bist. Du hast deine wahre Liebe gefunden.

AFFIRMATION

"ICH HALTE MEIN HERZ OFFEN FÜR DIE ENDLOSE LIEBE MEINER SEELE. ICH HALTE DIE FLAMME AM BRENNEN FÜR DIE EWIGE UND BEDINGUNGSLOSE LIEBE MEINES LEBENS."

TAGEBUCH

Schreib auf, wie du dich fühlst in Anbetracht der Tatsache, dass du deine wahre Liebe gefunden hast.

Wenn du im realen Leben deine Liebe schon gefunden hast, erinnere dich an das Gefühl, als du sie zum ersten Mal trafst. War da ein Gefühl einer alten Verbindung?

Hast du zuerst das Gefühl gehabt, dass der andere gar nicht dein Typ ist?

Was zieht dich an dieser Person an?

Wenn du noch auf deine wahre Liebe wartest, welche Erwartungen hast du?

Kann es sein, dass du dich von anderen in deiner Partnerwahl beeinflussen lässt?

Sei ehrlich und frag dich, was das Wichtigste ist, was du von einem Partner wünschst. Warum ist das für dich so wichtig?

Was hast du deinem Partner oder deiner Partnerin anzubieten?

Glaubst du an Seelenverwandtschaft und an Zwillingsseelen?

Wiederhole diese Visualisierung nach ein paar Wochen. Beobachte, ob du immer noch dieselben Erwartungen hast oder ob du jetzt offen dafür bist, deine Liebe dort zu finden, wo du sie vielleicht gar nicht vermutest?

Wenn du deine Liebe gefunden hast, mach dir noch mal bewusst, warum sie deine Seele berührt hat.

Erinnere dich an die anfängliche Essenz eurer Beziehung und halte all die kleinen Dinge, die dir so viel bedeuten, lebendig.

Atme bewusst und vertraue dem göttlichen Plan.

44. DIE SELLE TRANSZENDIERT RAUM UND ZEIT

Ist das Leben für uns überhaupt begreifbar? Es besteht aus Arbeit, Anstrengung, Schmerzen, Trauer, aber auch aus Freundschaft und Liebe und ruhmreichen Taten- und manchmal scheint alles nur ein Traum zu sein. War es nicht erst gestern, als du ein Kind warst und zur Schule gingst? Deine Jugendzeit war im Nu vorbei, und ehe du richtig mitbekommen hast, was eigentlich geschah, warst du auch schon erwachsen. Und jetzt fragst du dich mehr denn je, welchen Sinn das Leben hat. Du hast dir bestimmte Ansichten zurechtgelegt und hast deine eigenen Vorstellungen über Leben und Tod. Bis zu einem gewissen Grad kommst du damit ganz gut über die Runden. Aber wenn du hinter die Kulissen des Lebens schauen könntest, was glaubst du dort zu finden? Die größten Geheimnisse des Lebens lösen sich, wenn du dich selbst erkennst und das Rätsel deiner eigenen Existenz entwirrst.

Betrachte das Leben als ein Abenteuer, eine wunderbare Reise, auf der es nicht so sehr darauf ankommt, wie viel du siehst, sondern **was** du siehst und **wohin** du willst. Qualität ist wichtiger als Quantität. Diese Haltung scheint in der heutigen Zeit nicht mehr weit verbreitet zu sein, aber dennoch ist sie das Einzige, was letztlich zählt. Deine innere Einstellung und das, was du getan hast, besteht auch nach dem Tod in deiner Seele weiter. Wo auch immer du hingehst, beeinflusst du dein Umfeld mit deiner einzigartigen Energie und der Information, die deine Seele ausstrahlt.

Warum fühlst du dich in einem Land wohl und in einem anderen nicht? Warum fühlst du dich von jemandem angezogen, den du nie zuvor getroffen hast? Vielleicht hast du ihn schon mal gesehen und ihr kennt euch bereits? Warum sind dir bestimmte Handlungen vertraut, so als ob du sie nicht das erste Mal ausführst? Wasst du Schin einem an diesem Ort? Du denkst darüber nach und kommst zu einem Entschluss, den du nicht gleich jedem Menschen mitteilen musst. Deine Vorstellungen und Erfahrungen gehören dir; sie sind deine Schatzruhe.

Manche Menschen haben die Angewohnheit, über alles zu reden, uns es ja auch nicht schlecht, sich mündlich auszutauschen. Zu fühlen ist jedoch von größerer Bedeutung. Redest du vielleicht nur deshalb so viel, damit du nicht füllen musst? Stille und innere Suche sind genauso wichtig für dein Überleben wie Nahrung, Luft und Sonne. Wie isoliert du dich auch fühlen magst, tief in dir drinnen weißt du, dass du niemals allein bist. Du wirst beschützt, und deine Seele ist unverletzbar.

> **DER WAHRE KERN DEINES WESENS IST UNSTERBLICH.**
> **ER REIST DURCH DIE ZEIT VON EINEM LEBEN ZUM ANDEREN.**
> **AND CONTAINS ALL THE ENERGIES, EMOTIONS, AND WEAKNESSES.**
> **DIE DICH EINZIGARTIG MACHEN.**

Was für eine Erleichterung dieses Wissens darstellt! Welche Freude ist Teil von etwas zu sein, das so kraftvoll und immer gegenwärtig ist? Diese wahre Realität ist ein wundervoller Traum, in dem alle Dinge möglich sind. Mach aus allem das Beste und denk daran, dass dein spiritueller Schutzschild undurchdringbar ist und immer funktioniert. Habe Vertrauen und sei bereit loszulassen. Lass dich vom Universum zum nächsten Aufenthalt auf deiner Reise führen. Deine kosmische Aufgabe ist viel fantastischer als alles, was du dir jemals selbst ausdenken könntest.

INNERE EINSTIMMUNG

"Ich werde mich an meinen wahren Kern erinnern und wissen, wohin meine Seelenreise geht.
Ich verbinde mich wieder mit der kosmischen Kraft, die immer gegenwärtig ist,
und genieße meinen Anteil am universellen Schöpfungsplan."

VISUALISIERUNG

Such dir einen ruhigen und ungestörten Platz. Ruh dich aus und entspann dich. Konzentriere dich auf deine langsamen und tiefen Atemzüge.

Stell dir vor du wärst in einer Zeitkapsel. Sie sieht aus wie ein kleines Raumschiff und nur du hast darin Platz. Du sitzt bequem im einzigen Passagiersitz und genießt den spektakulären Ausblick. Das Fahrzeug verfügt über ein automatisches Navigationssystem, du kannst also entspannen und dich führen lassen. Du fliegst durch Galaxien in den leuchtendsten Farben. Es ist eine aufregende Reise, sie ist hypnotisch und wirkt ganz real. Besonders angetan hat es dir eine Galaxie, auf die du jetzt zufliegst. Du bemerkst einen wunderschönen kleinen Planeten. Regenbogenfarben umgeben ihn und in der Ferne hörst du wunderbare Musik. Du beschließt, auf diesem Planeten zu landen und dich umzuschauen. In dem Moment, da der Wunsch in den Bewusstsein tritt, senkt sich auch schon die Raumkapsel. Du näherst dich dem Planeten und setzt schließlich sanft auf seine Oberfläche auf. Die Wesen hier sehen menschlich aus und begrüßen dich herzlich. Sofort wir dir eine Familie gegeben, damit deine Lebenserfahrung in dieser Welt beginnen kann. Du triffst viele alte Freunde, aber auch einige Leute, die du lieber nicht wieder getroffen hättest. Unter den Freunden sind ein paar, die dir sehr ans Herz gewachsen sind. Du gehst so in diesem Leben auf, dass du dein Raumschiff und deine Reise vergisst. Das Dasein auf diesem Planeten ist aufregend und macht Spaß, es hält aber auch schmerzhafte Lektionen bereit. Doch grundsätzlich geht es dabei um Liebe.

Wenn du genug erfahren hast, beschließt du zu deinem Raumschiff zurückzukehren. Du ruhst dich aus und verarbeitest deine Erfahrungen. Dann machst du dich wieder auf den Weg und fliegst durch neue Galaxien und neue Welten. Auf deiner Seelenreise kannst du immer wieder in anderen Welten auf anderen Planeten landen. Wo auch immer du dann bist, triffst du Menschen, die du liebst und bestehst aufregende Abenteuer. Je mehr du reist, desto weiser wirst du, und manchmal erinnerst du dich an deinen Ursprung. Er scheint in nebliger Ferne zu liegen, aber im Unterbewusstsein kennst du ihn. Du hast endlich verstanden, dass alles ein Speil ist.

Aber wo ist dein wirkliches Zuhause? Überall und nirgends. Wer ist deine Familie? Alle und jemand. Wen liebst du? Alle. In welcher Zeit befindest du dich? Es gibt keine Zeit. Wenn du wissen willst, wo du herkommst, bittest du den Autopiloten, dich zu deinem Ursprung zurückzubringen. Augenblicklich befindest du dich in einer Welt, die schöner, farbenprächtiger und majestätischer ist als alles, was du jemals gesehen hast. Hier bist du zu Hause. Alle sind da, und du hörst eine wundervolle Musik. Erhabene Natur mit atemberaubender Schönheit umgibt dich. Alle Menschen, die du liebst und bewunderst, sind mit dir. Es mangelt an nichts. Nur Liebe, Friede und überwältigende Schönheit umgeben dich.

Dies ist dein wahrer Kern, dein wirkliches Zuhause. Du kannst jederzeit hierher zurückkehren und deine Seele mit Liebe und Licht auftanken. Egal auf welchem Abschnitt deiner Reise du dich gerade befindest und welche positiven oder negativen Erfahrungen du gerade durchlebst, dein Zuhause übertrifft alles, was du dir vorstellen kannst. Du hast eine Familie, die dich grenzlos liebt und dich in jeder Sekunde beschützt. Aber eigentlich gibt es gar keine Sekunden, nur die Ewigkeit existiert. Du warst Mann und Frau und hast in allen Rassen und Kulturen gelebt. Du bist durch die Zeit gereist und hast eine Fülle von Lebensspannen erlebt. Du kennst die wahre Natur der Seele und bist dir bewusst, dass alle Seelen gleich sind. Du hast das Leben verstanden und weißt, dass die Lebensenergie uns bis in alle Ewigkeit miteinander verbindet.

Praktiziere diese tröstliche Visualisierung immer dann, wenn du dich wieder vergewissern willst, was der Sinn in deinem Leben ist. Sie hilft dir, mit schwierigen Gefühlssituationen fertig zu werden und erinnert dich daran, dass du immer von unermesslicher Liebe umgeben bist.

AFFIRMATION

"ICH SCHÄTZE ALLE FORMEN DES LEBENS.
ICH WEISS, DASS ICH MIT ALLEN LEBENDEN WESEN,
GROSS UND KLEIN VERBUNDEN SIND.
MEINE SEELE IST NUR EIN TROPFEN IM OZEAN DES LEBENS.
ICH MUSIZIERE, TANZE UND LIEBE IM RHYTHMUS DER WELLEN.
ICH GENIESSE DIE VIELFALT DES LEBENS.
UND BIN EIN WICHTIGER TEIL DES GANZEN.

TAGEBUCH

Welche Gefühle verbindest du mit dem Ursprung des Lebens? Glaubst du an das ewige Leben deiner Seele? Was ist dein Beitrag zum Ganzen? Ist es dir möglich, im Leben ein Abenteuer zu sehen? Schreib alle Gefühle und Fragen auf, die diese Visualisierung mit sich bringt. Denk über deine Fragen nach. Wiederhole die Übung zu einem späteren Zeitpunkt und überprüfe deine Ansichten erneut. In welcher Hinsicht haben sie sich verändert und welchem Einfluss hat diese Tatsache auf ihr Leben?

45. DU UND DAS GÖTTLICHE

G ott. Ein großes Wort mit einer noch größeren Bedeutung. Anstatt zu fragen, welche Religion die richtigen Antworten anbietet, sollten wir uns selbst fragen, welche Bedeutung dieses Wort für uns hat.

Die immense Kraft und Unerschöpflichkeit des Göttlichen wirkt auf uns alle. Wir sind alle miteinander verbunden und eins. Wenn wir diese überwältigende Liebe und Lebenskraft aus den Augen verlieren, fühlen wir uns abgetrennt und verloren.

> ES SPIELT KEINE ROLLE, WER DEIN GOTT IST. ES KOMMT NUR DARAUF AN, DASS DU DIR DER UNIVERSELLEN GÖTTLICHEN KRAFT BEWUSST BIST, DIE UND ALLE DURCHSTRÖMT. DIESE KRAFT BESCHÜTZT DICH UND LIEBT DICH MEHR, ALS DU JEMALS FÜR MÖGLICH HÄLTST.

Das Wissen, die Weisheit, die Liebe und das Mitgefühl der göttlichen Kraft sind unbeschreiblich und unvorstellbar. Diese außerordentliche Kraft in jedem Wesen und jedem Ding, das uns umgibt, wiederzuentdecken und sie in allen und allem zu hören, zu sehen und zu fühlen, ist für unsere spirituelle Evolution von großer Bedeutung.

Wir sind keine Feinde, sondern alle Kinder Gottes. Wir leben zusammen auf diesem Planeten und atmen die gleiche Luft und trinken das gleiche Wasser. Jeder von uns fühlt die Sonne, den Regen und hört das Donnern. Wir sind klein und verletzlich – nur ein Funken im ewigen Feuer des Lebens.

Hast du jemals aus einem Flugzeugfenster geschaut? Hast du gesehen, wie deine Heimatstadt immer mehr unter dir verschwindet, bis sie noch einen kleiner Punkt auf etwas Unbeschreiblichem ist? Hast du gesehen, wie Straßen mitsamt den Autos verschwinden? Ist dir bewusst, wie klein wir Menschen sind? Plötzlich erscheinen selbst deine Probleme kleiner zu sein. Wie kannst du das Gefühl haben, von Problemen überwältigt zu werden, wenn du so klein bist und vom Flugzeug aus noch nicht mal deine Stadt erkennst, geschweige den Menschen? Hast du die Wolken bemerkt und wie strahlend klar der Himmel über den Wolken ist? Hast du in der inneren Vision andere Ebenen oberhalb oder unterhalb von dir gesehen und hast dich noch kleiner gefühlt? Was hat in dieser Welt wirkliche Bedeutung? Deine Probleme und Sorgen, deine Wünsche und Träume?

Alles, was existiert, hat die gleiche Bedeutung und Wichtigkeit. Du bist wichtig, andere sind wichtig, und saubere Luft und klares Wasser sind ebenso wichtig. Nicht zuletzt ist unsere Zukunft wichtig. Aber all das ist bedeutungslos, wenn es keinen Frieden gibt. Friede auf der Erde, Friede unter den Menschen und Friede in deinem Herzen. All das ist wichtig, damit auch deine Seele in Frieden ist. Was oder wer auch immer dein Gott ist, er oder sie würden dieser Aussage sicherlich zustimmen. Gott ist frieden.

INNERE EINSTIMMUNG

"Ich werde meine immer gegenwärtige Verbindung zum Göttlichen wiederherstellen und in Liebe mit allen Geschöpfen dieser Welt verbunden sein."

VISUALISIERUNG

Such dir einen ruhigen und ungestörten Platz. Atme tief ein und aus und entspann dich vollkommen. Mit jedem Atemzug sinkst du in einen tieferen Zustand innerer Entspannung.

Stell dir vor, du bist in einem großen Garten voller prächtiger Blumen in allen erdenklichen Farben, Formen und Größen. Sie sind absolut faszinierend und verströmen einen magischen Duft. In der leichten Brise wiegen sich die Blüten hin und her, als ob sie im Wind tanzen würden.

Ein besonderes schöner Schmetterling fliegt die ganze Zeit über von einer Blume zu nächsten. Du möchtest ihm folgen. Er saugt den Nektar von vielen Blüten und scheint in eine bestimmte Richtung zu fliegen. Du folgst diesem zauberhaften Schmetterling eine Weile und plötzlich befindest du dich an den Stufen eines alten Bauwerks. Es sieht aus wie ein Tempel einer uralten Zivilisation. Du kannst nicht widerstehen, gehst die Treppe hinauf und betrittst den Tempel. Im Inneren siehst du ebenfalls wild wachsende Blumen, wohin sich dein Blick auch wendet. Sie wachsen überall und die Schwingung des Ortes ist so angenehm, friedlich und erhaben, dass du für immer hier bleiben möchtest. Du hast das Gefühl, zu Hause zu sein.

In der Mitte dieses Tempels brennt eine große Kerze. Auf ihr stehen Inschriften in vielen verschiedenen Sprachen. Alle haben den gleichen Inhalt: Gott ist frieden. Ein wunderschöner goldener Stuhl lädt dich zum Ausruhen ein. Du nimmst Platz, entspannst dich und saugst die Schönheit um dich herum auf. Die Kerze brennt weiter und du blickst in ihre Flamme. Plötzlich siehst du in ihr die Vision eines Gesichts, das du nicht kennst. Bevor du herausgefunden hast, wer das sein könnte, ändert sich das Gesicht. Tausende Gesichter erscheinen, vielleicht sogar Millionen, eins nach dem anderen – sie alle brennen in der ewigen göttlichen Flamme. Für einen kurzen Moment erkennst du auch dein Gesicht. Jetzt weißt du tief im Inneren deiner Selle, dass die universelle göttliche Kraft und du eins sind.

Du bleibst scheinbar eine Ewigkeit lang in diesem Tempel. Schließlich stehst du auf und gehst. Immer wenn du den Wunsch hast, kannst du hierher zurückkommen und deinen Durst nach Wissen und Liebe stillen und den ewigen Frieden im Tempel Gottes genießen. In deinem Herzen und in deiner Seele bist du teil des Göttlichen.

AFFIRMATION

"ICH BIN EINS MIT DER UNIVERSELLEN MACHT.
ES GIBT KEIN ANFANG ODER ENDE...NUR DIE EWIGKEIT EXISTIER."

TAGEBUCH

Schreib auf, was du über Gott – die universelle Macht – fühlst, bevor du mit der Visualisierung beginnst.

Wie hast du dich in dem heiligen Tempel gefühlt?

Gibt es einen Ort in deinem Leben, den du aufsuchen kannst, um deine Energie aufzutanken?

Wenn nicht, richte dir einen ungestörten Platz ein, wo du völligen Frieden genießen kannst. Mach es dir zur Notwendigkeit, diesen Ort regelmäßig aufzusuchen, um mit dem Göttlichen zu kommunizieren.

ÜBER DIE AUTORIN

SABRINA MESKO Ph.D.H. ist eine anerkannte Mudra-Autorität und internationale Bestseller- Autorin des zeitlosen Klassikers *HEILENDE MUDRAS – Das Yoga der Hände für Gesundheit, Lebensenergie und Erfolg,* übersetzt in vierzehn Sprachen. Sie hat auch über zwanzig weitere Bücher über Mudras, Mudra-Therapie, Mudras und Astrologie, Meditationstechniken, ganzheitliche Fürsorge und spirituelle Suche verfasst.

Sabrina wurde in Europa geboren, wo sie schon früh eine klassische Ballerina wurde. Als Teenager zog sie nach New York und wurde Broadway-Tänzerin und Sängerin. Sie wandte sich Yoga zu, um eine Rückenverletzung zu heilen. Sie absolvierte mehrere Jahre intensives Studium der Lehren bei weltberühmten Meistern, von denen einer sie damit betraute, die heiligen Mudra - Techniken in den Westen zu bringen. Sie ist eine vom Yoga College of India zertifizierte Yogatherapeutin.

Sabrina hat einen Bachelor-Abschluss in *Sensory Approaches to Healing*, einen Master in *Holistic Science* und einen Doktortitel in *Ancient and Modern Approaches to Healing* vom American Institute of Holistic Theology. Sie ist von der American Alternative Medical Association und der American Holistic Health Association zertifiziert.

Sie wurde in Medien wie The Los Angeles Times, CNBC News, Cosmopolitan, auf dem Cover der London Times Lifestyle, The Discovery Channel Dokumentarfilm über Hände, W magazine, First for Women, Health, Web-MD, Daily News, Focus, Yoga Journal, Australian Women's Weekly, Blend, Daily Breeze, New Age, die Roseanne Show und verschiedene internationale Live- Fernsehprogramme vorgestellt. Ihre Artikel wurden in weltweiten Publikationen veröffentlicht. Sie moderierte ihre eigene wöchentliche TV-Show, in der sie über Gesundheit, Wohlbefinden und Komplementärmedizin aufklärte. Sie ist geschäftsführendes Mitglied des World Yoga Council und hat zahlreiche internationale Yogatherapie-Ausbildungsprogramme geleitet. Sie führte Regie und produzierte ihre interaktive Doppel-DVD mit dem Titel *"Chakra Mudras",* ein Visionary Awards Finalist. Sabrina hat auch preisgekrönte internationale Spa- und Wellnesszentren geschaffen und ist eine motivierende Hauptrednerin auf Konferenzen, die ein großes Publikum auf der ganzen Welt anspricht.

Sabrina ist die Gründerin von MUDRA MASTERY, dem weltweit einzigen Online-Ausbildungs-, Zertifizierungs- und Mentorenprogramm für Mudra-Lehrer und Mudra-Therapie. Ihre zertifizierten Absolventen und Therapeuten verbreiten diese alten Lehren in über 26 Ländern auf der ganzen Welt.

WWW.SABRINAMESKO.COM